LAS DOS IZQUIERDAS

LO QUE NUNCA SE CONTÓ SOBRE LA IZQUIERDA MEXICANA

JORGE CASTAÑEDA GUTMAN
JOEL ORTEGA JUÁREZ

LAS DOS IZQUIERDAS

LO QUE NUNCA SE CONTÓ SOBRE LA IZQUIERDA MEXICANA

DEBATE

El papel utilizado para la impresión de este libro ha sido fabricado a partir de madera procedente de bosques y plantaciones gestionadas con los más altos estándares ambientales, garantizando una explotación de los recursos sostenible con el medio ambiente y beneficiosa para las personas.

Penguin Random House Grupo Editorial

Las dos izquierdas
Lo que nunca se contó sobre la izquierda mexicana

Primera edición: enero, 2024

ISBN: 978-607-384-050-7

Impreso en México – *Printed in Mexico*

Índice

Esbozo de una historia de la izquierda en México

A partir de la Revolución mexicana, la historia de la izquierda en México es la historia de dos corrientes: la que se reclamaba de la gesta de 1910-1917, y la que buscó deslindarse de la misma y de los gobiernos que de ella emanaron. La primera la denominaremos la izquierda de la Revolución mexicana (RM), que comúnmente también ha sido llamada del nacionalismo revolucionario; la segunda, la izquierda independiente. Como veremos, ninguna de las dos categorías es pura. Dentro de cada una existieron subcorrientes de una izquierda que se acercaba en distintos momentos a la otra izquierda; personajes, partidos y movimientos de una izquierda se reubicaban en la otra y de vuelta. Asimismo, el pensamiento y la acción de múltiples actores de una izquierda se vieron imbuidos por muchas de las ideas de la otra. Los socialistas, comunistas, trotskistas, maoístas, castristas, cristianos de base y simples guerrilleros de la izquierda independiente siempre tuvieron como referente a la Revolución mexicana, aunque no se reclamaran de ella. Muchos de los grandes intelectuales, artistas, activistas y políticos de la RM, dentro y fuera del gobierno, se reconocían en el marxismo, por lo menos conceptualmente. Por ello, como sostendremos, conviene distinguir entre el nacionalismo revolucionario de la izquierda de la RM, de aquel que a partir de los años veinte del siglo pasado, y sobre todo a partir de 1940, pasó a ser la ideología oficial del Estado mexicano, sin que imperara mayor correspondencia entre dichos postulados y las políticas públicas concretas aplicadas en la realidad, con la excepción del periodo cardenista. Muchos integrantes de la izquierda de la RM eran sinceros en sus divergencias con sucesivos gobiernos del Partido de la Revolución Mexicana-Partido Revolucionario Institucional (PRM-PRI), y esas divergencias eran sustantivas.

Asimismo, no argumentamos que esta constituya la única dicotomía posible de la izquierda mexicana. Existen, por supuesto, otras, que en un momento determinado, o para un grupo de organizaciones o movimientos determinados, o para ciertos individuos en ciertas coyunturas, podrían utilizarse adecuadamente. Entre ellas destaca la división entre izquierda revolucionaria e izquierda reformista; entre izquierda pacífica e izquierda armada; entre izquierda comunista e izquierda socialdemócrata, o entre izquierda institucional e izquierda extraparlamentaria. Todas estas categorías pueden haber sido, o ser aún, apropiadas, pero se subsumen, en nuestra opinión, a la que aquí hemos esbozado.

Por izquierda aquí entendemos aquellas posiciones políticas e ideológicas —de personas, agrupaciones, partidos, sindicatos, universidades, publicaciones, gobiernos extranjeros— que se han empeñado a lo largo del último siglo y medio en México por cambiar el estado de cosas vigente hacia otro, menos desigual, más próspero, más nacionalista, más solidario, más democrático, sin necesariamente tomar en cuenta las consecuencias imprevistas o no deseadas de sus acciones, ni la incompatibilidad de unas metas con otras. En última instancia, toda acepción de la palabra *izquierda* es autodefinitoria o de alteridades: es de izquierda quien así se define, y quien así es definido por otros. Conviene insistir en el carácter multifacético del término *izquierda*: no se limita a la izquierda partidista o electoral, sino que abarca muchas más expresiones: social, intelectual, cultural, ambientalista, religiosa, etcétera.

Hemos privilegiado las relaciones de las distintas izquierdas consigo mismas, con distintos sectores sociales y movimientos, con el resto del mundo, en lugar de centrarnos en sus aspectos programáticos. Por dos razones: primero, el examen de las diferentes propuestas de izquierda, desde 1920 en todo caso, se ha llevado a cabo por múltiples autores o protagonistas.[1] Segundo, porque con la excepción parcial del periodo cardenista, hasta 2018 la izquierda no había gobernado en México. Por lo tanto, escudriñar y desmenuzar sus infinitos y en ocasiones bizantinos debates sobre "¿Qué hacer?" (Lenin) puede dar lugar a un ejercicio hasta cierto punto ocioso. No suprimimos la discusión programática, pero no le hemos asignado la prioridad que ha podido revestir en otros empeños semejantes.

La
pre-historia

Antes de la Revolución mexicana que arranca en 1910, la izquierda equivalía a una corriente de pensamiento, una actitud, algunas publicaciones y un puñado de asociaciones sindicales. En 1861 llega a México un extraño personaje, Plotino Rhodakanaty, originario de la isla de Rodas, con nombre de filósofo, que funda el Club Socialista y la publicación *La Social* en 1868.[1] Cercano a él fue Julio López Chávez, quien encabezó una rebelión campesina en el Estado de México y fue fusilado por el gobierno de Juárez.[2] Su difusión de *La Social* es reducida, pero comienza a crear las condiciones para que tres años después surja el Gran Círculo de Obreros, que rápidamente se vincula con la Primera Internacional Socialista (llamada entonces Asociación), fundada por Karl Marx en 1871.[3] Muchos de los mismos participantes en estas agrupaciones, junto con algunos dirigentes sindicales, convergen en 1876, el año de la llegada de Porfirio Díaz a la presidencia, en el Primer Congreso Obrero.[4] De este, a su vez, se derivará la creación —efímera y superficial— del Partido Socialista Mexicano.

Como en muchos países de América Latina, junto con la corriente socialista presente desde un principio en la izquierda mexicana, figuró una vertiente anarquista o anarcosindicalista, que alcanzaría su máxima expresión en la figura de Ricardo Flores Magón. Desde 1901, en el primer Congreso Liberal, y a través del panfleto *Regeneración* (que aparece en 1900) y después *El Hijo del Ahuizote*, Flores Magón, que pasaría buena parte de los próximos 20 años en Estados Unidos, mantuvo posiciones liberales frente al porfiriato, pero lindando en el anarquismo frente a los grupos socialistas. Funda el Partido Liberal en 1906 en San Luis, Misuri, e influye en las huelgas icónicas de Cananea y Río Blanco. Trata de crear una república medio socialista, medio anarquista en Baja California después de la caída de Díaz. Flores Magón morirá en Kansas en 1922, habiendo forjado vínculos cercanos con los International Workers of the World, o Wobblies, la organización anarcosindicalista estadounidense. Aunque se convirtió en un ícono y antecedente de la Revolución y de la izquierda, su impacto fue limitado y efímero. Incluso tal vez pertenece más a la historia de la izquierda estadounidense que mexicana.[5]

Las huelgas que estallan en 1911, junto con la renuncia de Díaz y la elección de Francisco I. Madero, conducen a un auge de la izquierda, tanto en la calle como en reuniones y actos fundacionales. En agosto de 1911 Pablo Zierold, un socialdemócrata alemán que llegó a México en 1888, y Adolfo Santibáñez, un abogado mexicano, fundan el Partido Socialista Obrero de la República Mexicana.[6] Se trata de la primera agrupación denominada socialista en el siglo XX en México. El partido no gozará de mayor fortuna ni crecimiento, y rápidamente sucumbirá a las divisiones provocadas por la Revolución mexicana, y a partir de 1917, por la Revolución bolchevique. Algo parecido sucederá con la otra importante agrupación nacida en 1912, la Casa del Obrero, que poco después se convertirá en la Casa del Obrero Mundial (COM).[7]

Originalmente de inspiración anarcosindicalista —aunque no vinculada con Flores Magón—, la COM emerge en la Ciudad de México gracias a la acción de un pequeño núcleo de trabajadores de talleres e imprentas. Convocará a la primera gran celebración abierta y legal del 1° de mayo de 1913, Día del Trabajo, una de las marchas más nutridas realizadas en la capital.[8] Entre otros, ahí hablará Isidro Fabela, quien después fuera canciller de México y fundador del Grupo Atlacomulco, del cual el último miembro destacado fue Enrique Peña Nieto. Así comenzaron los avatares de la izquierda independiente durante el periodo revolucionario.

El verdadero momento fundacional: la Revolución

La otra izquierda, la que surge y se perpetúa gracias a la Revolución mexicana, hizo su aparición a partir de los mismos acontecimientos históricos de esos primeros años del siglo. El zapatismo se volvió, *ipso facto* y sin ninguna intención inicial de desempeñar ese papel, el primer destacamento. Por tratarse de un movimiento campesino y por la tierra —aunque conservador— y cercano a la Ciudad de México, emerge como "el ala izquierda, campesina y popular" de la Revolución. Por su simbolismo, por su empeño en impulsar una reforma agraria que se plasmará en el artículo 27 de la Constitución (en parte gracias a la insistencia de los delegados zapatistas en la Convención de Aguascalientes y en el Congreso Constituyente), por la muerte trágica del propio Zapata, por la cercanía que figuras de izquierda como Antonio Díaz Soto y Gama tuvieron con el dirigente

Antonio Díaz Soto y Gama (foto: *El Universal*)

morelense, el zapatismo se instaló como una primera fuerza de izquierda "dentro de la Revolución". De nuevo, al igual que con Flores Magón, la historia oficial de los regímenes de la Revolución lo convertirían en una figura emblemática de la izquierda. Cabe perfectamente en nuestra discusión sobre las definiciones de la izquierda. Es de izquierda quien se autodenomina así, y quien es designado así por otros. El mejor ejemplo de este proceso yace, obviamente, en el Ejército Zapatista de Liberación Nacional (EZLN) y el Subcomandante Marcos.

Una segunda fue el villismo. Por razones semejantes al zapatismo, Pancho Villa se entronizó como una fuente importante de la corriente de izquierda de la RM. Gracias a sus proezas militares, a sus orígenes populares, a sus enfrentamientos con Carranza, Obregón y Calles antes de su asesinato en 1923, a la distribución de tierras que llevó a cabo en Chihuahua (sobre todo de los latifundios de los grandes terratenientes de ese estado), a las escuelas que (supuestamente) fundó, y a las fotos icónicas con Zapata en Palacio Nacional y en la Casa de los Azulejos, Villa se volverá un referente para la izquierda oficial y la independiente. Muchos de aquellos que procuraron encontrar o hacer sobrevivir un soplo revolucionario dentro del oficialismo a partir de 1924 se refugiaron en las hazañas y leyendas de Villa, incluyendo su incursión a Estados Unidos, en Columbus, Nuevo México, en 1916, y su cercanía con Felipe Ángeles, el "cerebro de la División del Norte". Sus salvajadas sangrientas y la inclinación de algunos de definirlo como un simple bandolero o cuatrero violento

Felipe Ángeles (foto: *El Universal*)

Venustiano Carranza (foto: *El Universal*)

no obstan para que encuadre en el marco conceptual ya mencionado. Forma parte de la iconografía de la Revolución mexicana, y conviene situarlo en el ala izquierda de la misma, a pesar de todo; ahí lo ubican sus admiradores.

Un tercer destacamento, paradójicamente, será el sector obrero, aglutinado en torno a la Casa del Obrero Mundial. Aunque de inspiración anarcosindicalista, por razones tácticas más que estratégicas, a principios de 1915 los dirigentes de la COM firman un pacto con Venustiano Carranza. Deciden apoyarlo, oponerse a Zapata y a Villa, y formar para ello los famosos "batallones rojos", que combatirán en algunas plazas —Orizaba, Tampico, San Luis— y obtendrán, junto con otros actores y motivos, importantes reformas y legislaciones laborales en distintas reuniones, plasmadas en el artículo 123 constitucional.[1] Otros sectores de la izquierda independiente, como Flores Magón, denunciarán el pacto, e igual no durará mucho. A lo largo de 1916 la COM fue clausurada repetidamente por el gobierno de Carranza, hasta que el pacto concluyera, los batallones fueran disueltos, y la "base obrera" de la Revolución se desmantelara.[2]

De la Casa del Obrero Mundial surgirán dos corrientes, reflejos de las dos izquierdas que hemos mencionado: la Confederación Regional de Obreros Mexicanos, o CROM, encabezada por Luis Morones, que rápidamente se alineará con los sucesivos gobiernos mexicanos, y el Gran Cuerpo Central de Trabajadores, que participará en el siguiente acontecimiento importante de esta historia: la fundación del Partido Comunista Mexicano (PCM), en 1919. La CROM y su brazo político, el Partido Laborista, sostendrán importantes víncu-

Luis Morones (foto: *El Universal*)

los con la American Federation of Labor, de Estados Unidos, y apoyarán la rebelión de Agua Prieta y a los gobiernos de Obregón y Calles. El comportamiento futuro de Morones y de la CROM no obsta para incluirlo en la izquierda durante la Revolución, y en la izquierda de la Revolución mexicana en los años inmediatamente posteriores al final de la era violenta. El Gran Cuerpo, por su parte, compuesto por obreros de la Ciudad de México, principalmente en la compañía telefónica y entre los tranviarios, se acercará por un breve periodo al Partido Socialista Mexicano, antes de su participación en el surgimiento del Partido Comunista Mexicano (PCM).

Por último, varios escritores, abogados, o "intelectuales" que participaron en la Convención de Aguascalientes, o en el Congreso Constituyente de finales de 1916 y principios de 1917 en Querétaro, o en el gobierno de Carranza, también pueden ser ubicados en estas fuentes fundacionales de la "izquierda de la RM". Un ejemplo, a pesar de sus posiciones anticardenistas posteriores, fue Luis Cabrera, autor de la Ley Agraria de 1915. Otro caso fue el del militar michoacano Francisco Múgica, también referente de la izquierda de la RM hasta su muerte en 1954.[3] Convendría agregar a José Vasconcelos, quien cumplió varias

Luis Cabrera (foto: *El Universal*)

José Vasconcelos (foto: *El Universal*)

tareas diplomáticas durante la Revolución, asistió a la Convención de Aguascalientes y, como ministro de Educación de Obregón, exaltó el carácter popular de los acontecimientos de la década anterior, tanto a través de los murales de Diego Rivera y de José Orozco, como con la publicación masiva de autores clásicos, y la creación de la Biblioteca Nacional y de las escuelas rurales. De nuevo, sus posteriores posturas reaccionarias o francamente fascistas no alteran su contribución a la ideología del nacionalismo revolucionario y al desarrollo de la izquierda de la RM. Abundan los casos en México y en otras latitudes de personalidades, sindicatos o partidos que se colocaron en un sector del espectro político e ideológico, para luego desplazarse hacia otro. No es correcto cancelar su ubicación inicial con motivo de su colocación ulterior.

Nacen las dos izquierdas

Las dos corrientes presentes en la izquierda mexicana desde el principio de la Revolución se separarán claramente a partir de 1919. La muerte de Zapata, la neutralización política de Villa y el creciente giro conservador del bloque en el poder abrirán un espacio para una tendencia de izquierda dentro del mismo. Pero provocaron también un alejamiento de quienes creían con más fervor en los compromisos de la Constitución en materia agraria, laboral, educativa y de soberanía nacional. Una corriente de la izquierda anterior se integrará paulatina pero continuamente a los sucesivos gobiernos a partir de Obregón; la otra, la radical e independiente, se alejará de dichos gobiernos, aunque en distintos momentos

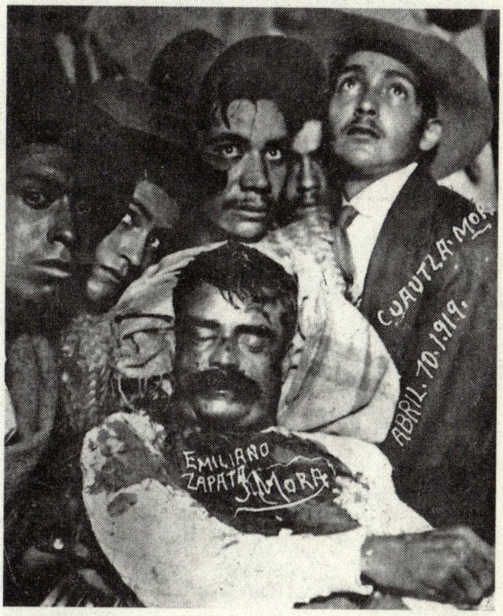

Asesinato de Emiliano Zapata (foto: *El Universal*)

se aproximará a ellos coyunturalmente. El acontecimiento decisivo para la creciente separación de ambas tendencias será la creación, a finales de 1919, del Partido Comunista Mexicano.

Francisco Villa (foto: *El Universal*)

Dos acontecimientos internacionales contribuyen también al surgimiento del PCM. La entrada de Estados Unidos a la Primera Guerra Mundial a principios de 1917 hizo que el papel de México como aliado potencial ya sea de su vecino, ya sea de Alemania, se volviera crucial. Un número pequeño pero influyente de socialistas o anarquistas estadounidenses, adversarios de la participación en la guerra, abandonaron su país y se exiliaron en México, donde de inmediato militaron en las filas de la izquierda socialista y anarquista. Varios de ellos participarán en el Congreso del Partido Socialista Obrero en 1919. El segundo suceso fue, evidentemente, la Revolución rusa de 1917, que trastocó al movimiento obrero, socialista y de izquierda en el mundo y en México. El citado Congreso Socialista Obrero resuelve cambiar su nombre a Partido Comunista Mexicano e ingresar, poco después, a la Tercera Internacional o Komintern, la organización mundial fundada por Lenin y Trotsky en Moscú para coordinar los esfuerzos revolucionarios de todos los países. Algunos historiadores sostienen que el PCM fue el primer partido externo a la URSS en solicitar su adhesión al Komintern.[1]

Trotsky y Lenin (fotografía de dominio público)

El PCM vivirá un nacimiento difícil. Sus fundadores constituían un grupo amorfo y contradictorio. El primer dirigente, José Allen, ingeniero de minas e hijo de un emigrante estadounidense, era informante, por no decir agente, de la inteligencia militar de los Estados Unidos.[2] El verdadero padrino y artífice, Manabendra Nath Roy, un nacionalista de Bengala —cuya casa en la Roma es hoy un bar muy visitado—, había llegado a México un par de años antes y posteriormente tuvo una carrera destacada en el Komintern.[3] Mikhail Borodin, agente en México y en Estados Unidos de la Tercera Internacional, inmortalizado en

Manabendra Nath Roy (fotografía de dominio público)

Mikhail M. Gruzenberg (Borodin) (fotografía de dominio público)

La condición humana de André Malraux, también asistió y participó en el parto.[4] Otros dos extranjeros destacados, Sen Katayama (japonés) y Edgar Woog (austriaco), se unieron poco después y ejercieron una influencia considerable sobre algunos temas estratégicos. Intelectuales estadounidenses como Bertrand Wolfe, amigo y biógrafo de Diego Rivera, también estuvieron presentes en la creación.[5] Esta participación externa reflejaba la continuidad del aspecto internacionalista de la izquierda mexicana desde sus orígenes, como en muchos países de América Latina. Asimismo, confirmaba las dificultades de evitar la infiltración de agentes de otros gobiernos —Estados Unidos, la Unión Soviética, posteriormente Cuba— en la dirección misma del PCM.

Otro rasgo distintivo del partido desde su nacimiento consistió en su dificultad para consolidar una base de masas. Parte del movimiento obrero revolucionario simpatizó con la decisión de crear una nueva organización política, pero la mayoría de los trabajadores activos en las huelgas y el activismo de finales de la década revolucionaria y el principio de la consolidación sonorense se concentraron en la CROM, firmemente anclada en el gobierno.[6] El PCM osciló durante los años veinte entre el "entrismo", es decir, buscar adeptos dentro de la CROM y conquistar posiciones de dirección en el seno de esa central obrera, y el "escisionismo", es decir, procurar la salida

Sen Katayama (fotografía de dominio público)

de sindicatos de la CROM para formar una o varias centrales de "izquierda", como la Confederación General del Trabajo (CGT).

Otro dilema que agobió al PCM durante sus primeros años de existencia residió en la alternativa obrero-campesino. ¿Hacia dónde debía orientar sus esfuerzos y magros recursos? Por sus orígenes marxistas y anarcosindicalistas, resultaba lógico concentrarse en los trabajadores urbanos, mineros, petroleros y ferrocarrileros. Pero la efervescencia campesina emanada de la Revolución y de la lenta distribución de tierras en estados como Veracruz, donde dirigentes al estilo de Úrsulo Galván contaban con un gran respaldo y eran miembros del partido, abría perspectivas importantes de crecimiento y agitación. Lo mismo sucedía en Michoacán, donde Primo Tapia también ejercía una cierta influencia.[7] El PCM alternó entre un frente y el otro, sin consolidar ninguno de los dos. Cuando al final de la década de los veinte se desata una represión feroz contra los comunistas, fueron expulsados de ambos sectores. Sus figuras más destacadas vinculadas al campesinado —Galván, Tapia, y de manera efímera y superficial Felipe Carrillo Puerto en Yucatán, inmortalizado por su amorío con Alma Reed y la canción que

Alma M. Reed (foto: *El Universal*)

Felipe Carrillo Puerto (foto: *El Universal*)

comisionó para ella a Ricardo Palmerín y por el mural de Orozco en The New School— o se separaron del partido o fueron ejecutadas por unos o por otros.

Una tercera disyuntiva —la más importante y compleja— que enfrentó el PCM en esa época yació en un problema que confrontaría directamente hasta los años setenta. ¿Qué hacer con los gobiernos de la Revolución mexicana? Fue creado para oponerse a Carranza, se sumó a medias al Plan de Agua Prieta y a la ascendencia sonorense, con la tesis casi cantinflesca de "No apoyamos a Obregón por considerarlo bueno, sino para combatir a la reacción, infinitamente peor". Respaldó la candidatura de Plutarco Elías Calles a la presidencia en 1924; persistió en ese empeño durante su presidencia a lo largo de sus diversos miniconflictos con Estados Unidos y en la Cristiada. Pero al mismo tiempo buscaba debilitar a la CROM —bastión del callismo— y denunciaba las traiciones a la Revolución tanto de Obregón como de Calles. Todavía en 1928 avaló la reelección de Obregón.

En otras ocasiones, sobre todo a partir de 1928, debido a presiones del Komintern, que le impuso una especie de declaración de guerra al gobierno y a sus organizaciones, el PCM fue severamente reprimido por el Estado, al tiempo que lo apoyaba en algunas decisiones. La represión fue brutal. El gobierno lo declaró ilegal, sus

Tina Modotti (foto: *El Universal*)

Julio Antonio Mella (foto: *El Universal*)

oficinas y las de *El Machete* fueron clausuradas en 1929.[8] Meses antes, el asesinato del comunista cubano, Julio Antonio Mella, compañero de la artista Tina Modotti, y durante un tiempo secretario general interino del PCM, desataron protestas y manifestaciones masivas, violentas y reprimidas.[9]

La prominencia de Mella confirmaba una de las características congénitas, y ya citadas, del PCM: su aspecto internacionalista. Lo ratificaría desde finales de los años veinte y hasta principios de los cuarenta la ascendencia en el PCM de Earl Browder, líder del Partido Comunista de Estados Unidos y encargado por el Komintern de "seguir al PCM", es decir de erigirse en el hermano mayor.

Earl Browder (fotografía de dominio público)

A partir de 1930 el partido entró en la clandestinidad, y no saldría de ella hasta 1935, bajo Lázaro Cárdenas. La ambigüedad mencionada, sintetizada en la consigna del PCM cuando el principio del conflicto entre Calles y Cárdenas: "Ni con Calles ni con Cárdenas, con las masas cardenistas", de difícil ejecución, lo envolvería y dividiría hasta mucho después.[10]

No obstante, el nuevo partido llegó a conquistar un papel clave en otro sector: entre los intelectuales y artistas. Se trata de un punto de confluencia, por lo menos en un primer momento, entre la izquierda independiente y la de la RM. Diego Rivera ingresa al PCM en 1922 y rápida, aunque fugazmente, asciende a posiciones de dirección. Al mismo tiempo, pintaba los murales de la Secretaría de Educación a petición de Vasconcelos, miembro del gabinete de Obregón. Fenómenos parecidos —no idénticos— sucedieron con Orozco, Siqueiros

David Alfaro Siqueiros (foto: *El Universal*)

José Clemente Orozco (foto: *El Universal*)

Diego Rivera (foto: *El Universal*)

y Xavier Guerrero: se acercaron o fueron miembros del PCM, y simultáneamente figuraban entre los artistas del régimen.

Esta potente presencia del comunismo mexicano en el mundo artístico e intelectual perduraría hasta los años ochenta del siglo XX, aunque no siempre de manera visible.[11] Uno de los logros más importantes de este sector del PCM fue la publicación del periódico *El Machete*, órgano oficial del partido, fundado en 1924, entre otros, por Diego Rivera, Xavier Guerrero y Siqueiros, y que sobrevivió durante años y alcanzó una circulación considerable. En 1937, en plena efervescencia cardenista, su tiraje superó los 50 mil ejemplares, y en 1938, en la estela de la expropiación petrolera, se inició como diario.[12]

Augusto César Sandino (foto: *El Universal*)

La izquierda que hemos denominado de la Revolución mexicana (RM) tampoco la tuvo fácil durante esos años. Zapata y Villa fueron asesinados, y las demandas de los insurrectos populares,

José Guadalupe Zuno (foto: *El Universal*)

Lázaro Cárdenas (foto: *El Universal*)

Tomás Garrido (foto: *El Universal*)

supuestamente satisfechas con los principales artículos de la Constitución de 1917, se vieron más o menos indefinidamente pospuestas. Sobrevivía la retórica, algunos gestos espectaculares —los murales de Diego Rivera, los libros de Vasconcelos, el apoyo de Calles a Augusto César Sandino en Nicaragua, el enfrentamiento con la Iglesia (visto como una posición de izquierda)— y ciertos personajes.[13] Destacan, entre ellos, Francisco Múgica y Lázaro Cárdenas en Michoacán, Tomás Garrido Canabal en Tabasco, Carrillo Puerto, Adalberto Tejeda en Veracruz, José Guadalupe Zuno en Jalisco —que después de un supuesto paso efímero por el PCM ingresó al Partido Laborista de Morones y a la CROM y se sumó al obregonismo— y el propio Morones. Algunos atravesaron sanos y salvos el periodo que va de 1920 a 1934, unos más debilitados que otros, unos más claramente de izquierda que otros. Muchos padecían las contradicciones propias de la época y del mundo, como Garrido, que se consideraba socialista, le puso Lenin a uno de sus hijos, presidía el Partido Socialista Radical de Tabasco, pero fue considerado por muchos, entre ellos Graham Green, como un simple y rabioso fascista anticlerical. Dos de sus biógrafos —Carlos E. Ruiz Abreu y Jorge Abdo Francis— lo definieron así: "cacique pero revolucionario, caudillo pero autoritario, fanático pero progresista".[14]

Emilio Portes Gil (foto: *El Universal*)

Vicente Lombardo Toledano (foto: *El Universal*)

En términos generales, se puede concluir que en la víspera de la llegada de Cárdenas a la presidencia y del final del llamado Maximato de Calles, la izquierda en México se encontraba en un estado de hibernación. Los comunistas, debido a sus pleitos internos y a los vaivenes del Komintern, fracasaron en sus intentos por aprovechar las huelgas, el descontento obrero producto de la crisis económica que asoló al mundo a partir de 1929, y la formación de nuevos sindicatos (como el ferrocarrilero, en 1933). Sus dirigentes se encontraban presos en las Islas Marías. Tanto en el seno del oficialismo como en la radicalidad, los bonos de la izquierda se hallaban a la baja. Sus dos corrientes convergían en momentos o personajes, para luego separarse y entrar de nuevo en conflictos virulentos y estridentes, sobre todo porque no había mucho en juego. Cuando Emilio Portes Gil rompe relaciones con la URSS en 1930 —las estableció Obregón en 1924— por órdenes de Calles, la izquierda independiente pasa al orfanato. Cuando se consolida el maximato y los tres presidentes que se prestan al mismo se inclinan cada vez más a la derecha, la izquierda de la RM se sentirá desamparada.[15] Solo Cárdenas y un personaje singular, el poblano Vicente Lombardo Toledano, salvarán a ambas por un tiempo, para luego dejarlas duraderamente derrotadas a partir de 1940.

La época de oro

Desde finales de los años veinte, Lombardo Toledano encarnó buena parte de las corrientes de la izquierda aquí mencionadas. Era uno de los llamados "Siete Sabios" de la generación de 1915, y cercano colaborador de Vasconcelos. Claramente perteneció a la izquierda de la Revolución mexicana hasta su muerte, aunque en 1952 su candidatura a la presidencia en los hechos saboteó la de Miguel Henríquez Guzmán, que contaba con el apoyo de buena parte del cardenismo. Siempre fue partidario de la creación de organizaciones obreras fuertes y del cumplimiento de las promesas de la Revolución. Fue profundamente nacionalista —antiyanqui, antimperialista o antiestadounidense, como se prefiera— y de vez en vez criticaba los excesos de los gobiernos conservadores de los años veinte, o de sus rivales en el movimiento obrero, como Morones. Rompe con él en 1932, creando la CROM *depurada* y la Confederación General de Obreros y Campesinos de México (CGOCM). Desde temprano fue un simpatizante incondicional de la Unión Soviética, y sin duda el hombre más cercano al Komintern en México. Fundó y ejerció el cargo de secretario general de la Confederación de Trabajadores de América Latina, junto con Blas Roca, del Partido Comunista de Cuba.[1]

Fidel Velázquez (foto: *El Universal*)

Pero Lombardo Toledano nunca fue miembro del Partido Comunista. Lo criticó severamente por la postura de "clase contra clase", opuesta al maximato de Calles. En cambio, respaldó el giro comunista de 1935, tanto en Moscú como en México, de apoyar a Cárdenas y contribuir a la creación de la Confederación de Trabajadores de México, de la cual fue secretario general de 1936 hasta 1940, cuando lo defenestra para siempre Fidel Velázquez. Asimismo, coincidió por completo con el PCM en la campaña contra la presencia de Trotsky en México, aunque no participó, como algunos comunistas, en los intentos por asesinarlo.[2]

En otras palabras, Lombardo, por lo menos hasta mediados de los años cuarenta, sintetizó en su persona las vicisitudes de las dos corrientes de la izquierda, sus contradicciones y conflictos internos,

Lombardo Toledano y Cárdenas (foto: *El Universal*)

junto con la enorme influencia del factor externo, es decir la URSS. Salvo durante el periodo presidencial de Cárdenas, Lombardo y varios personajes y sectores de la izquierda de la RM sostuvieron una especie de relación de vasos comunicantes con la izquierda independiente. Cuando a la primera le iba bien, era porque a la segunda le iba mal. En cambio, cuando la izquierda independiente, sobre todo el Partido Comunista, se fortalecía, la izquierda de la Revolución mexicana se debilitaba. La excepción fue el cardenismo, cuando ambas se fortalecieron de manera significativa, a pesar de fricciones constantes entre unas y otras.[3]

Para la izquierda de la RM, el sexenio del general Cárdenas fue fructífero, el único bueno que había vivido o que tendría hasta 2018. Para la izquierda independiente —el PCM , pero también activistas obreros, campesinos, intelectuales y artistas— representó la primera y última oportunidad de actuar a sus anchas en la sociedad mexicana, con mayores o menores éxitos.[4] Fue la época en que una relativa convergencia programática surge en el conjunto de la izquierda, y que además no se limita a constituir una retahíla de deseos piadosos, sino que se vuelve política pública. En realidad es bajo el cardenismo que se articula y se consolida el discurso nacionalista revolucionario y se plasma en una serie de realidades concretas. Para los comunistas se trata de una materialización en tiempo real de la "Revolución nacional democrático-burguesa", etapa necesaria antes de la Revolución socialista, que sobrevendrá después, quién sabe muy bien cuándo. Para la izquierda de la RM, el periodo 1934-1940 (en realidad 1936-1940) se erige como el momento de la realización en los hechos de las promesas y aspiraciones de la Revolución y de la Constitución de 1917. No hay un después (salvo para gente como Bassols, quizá): se trata de la gran noche propiamente tal.

El reparto masivo de tierras —incluyendo la creación de algunos ejidos colectivos—; la organización —aunque fuera corporativa— de los campesinos; la nacionalización del petróleo y de los ferrocarriles; el surgimiento —con apoyo gubernamental— de grandes sindicatos de industria y educación; la misma educación socialista;

el antimperialismo —con mesura, ciertamente—; y el apoyo a la república en España; cierta democracia y las libertades respetadas: este conjunto de reformas aterrizaban los mandatos del 17 (para la izquierda de la RM), así como las principales características de la llamada revolución democrático-burguesa y nacional de los comunistas. A partir del VII Congreso del Komintern celebrado en 1935, junto con la estrategia de amplias alianzas antifascistas, se fortalece el enfoque por etapas para las colonias y los países semicoloniales (México figuraba, más o menos, entre estos últimos). Las grandes reformas cardenistas corresponden casi perfectamente con la lista elaborada a lo largo de los años en Moscú.[5] Si a todo esto agregamos un rasgo típicamente mexicano, a saber, la predilección por la retórica incendiaria, estridente, y desvinculada de la realidad, el discurso y la ideología del nacionalismo revolucionario le vendrán como anillo al dedo tanto a la izquierda independiente como a la de la RM. La primera terminará por lamentar y luego denunciar la "traición" de varios sexenios de los principios básicos del discurso, y la segunda lo utilizará para justificar todo: los vaivenes de políticas públicas, la represión, las nacionalizaciones y expropiaciones posteriores, el tercermundismo, y un largo etcétera.

Los comunistas mantendrán su fidelidad a la idea de la Revolución mexicana hasta entrados los años sesenta. Parte de su ruptura fue la experiencia cubana. Contra la tesis dominante entre todos los partidos comunistas de América Latina, a partir de 1961 Fidel Castro decreta el carácter socialista de su revolución y se compromete a propagarla en toda la región. Entierra la vieja noción de la revolución democrático-burguesa y nacional, y junto con la idea del foco guerrillero pone la revolución socialista en la orden del día. Muchos partidos latinoamericanos rechazarán la nueva estrategia. El PCM aceptará el capítulo del socialismo, no el de lucha armada. En parte por ese motivo, en parte por consideraciones locales y por el surgimiento de grupos a su izquierda, los comunistas mexicanos rompen por fin a principios de la década de 1960 con la idea de rencauzar, rencontrar y recuperar la Revolución de 1910. Se habían tardado.

Jesús Silva Herzog (foto: *El Universal*)

Víctor Manuel Villaseñor (foto: *El Universal*)

El apoyo del comunismo al régimen de Cárdenas, junto con la presencia en el entorno cardenista de varios grandes personajes de la izquierda de la RM —el propio Lombardo, Jesús Silva Herzog, Narciso Bassols, Isidro Fabela, Víctor Manuel Villaseñor— fue posible e inevitable por varias razones. En primer término, por el carácter netamente progresista del sexenio de Cárdenas, sobre todo en comparación con el decenio completo del mando de Calles (1924-1934). El reparto de tierras, la incorporación de la "educación socialista" al artículo 3° constitucional, la creación de la CTM por Lombardo Toledano gracias al apoyo presidencial, la movilización obrera impulsada por el gobierno, la nacionalización de los ferrocarriles y la expropiación petrolera, todas estas realizaciones obligaban al PCM y a las grandes figuras sobrevivientes de la Revolución (Múgica, por ejemplo), o a las nuevas generaciones, a apoyar al régimen.[6]

Isidro Fabela (foto: *El Universal*)

Plutarco Elías Calles (foto: *El Universal*)

No fue así desde el principio. El PCM postuló a un candidato propio a la presidencia en 1934 (a través del recién formado Bloque Obrero y Campesino), Hernán Laborde,[7] y tardó en valorar la decisión de Cárdenas, al tomar posesión, de liberar a los comunistas presos en las Islas Marías. Por otra parte, al cabo de siete años de contracción económica debido a la Gran Depresión mundial que comienza en 1929, del incumplimiento de las promesas de una constitución aspiracional, de más de 15 años de entreguismo y corrupción sindical en la CROM, las masas obreras y campesinas, los intelectuales y la clase política progresista le impusieron un giro a la izquierda al nuevo gobierno. Recibieron recíproca y simultáneamente un fuerte impulso.

En segundo lugar —y esto fue decisivo para el PCM, para Lombardo y algunos otros— la derrota del Partido Comunista Alemán en 1933 y la llegada de Hitler al poder obligaron a un cambio radical en las posiciones de la Tercera Internacional, es decir de la URSS y de Stalin. La postura radical de "clase contra clase" de 1928 en adelante, que llevó al PCM a la clandestinidad y a la desbandada, fue sustituida por la idea de construir "frentes populares" antifascistas en todos los países, en alianza con partidos socialistas o gobiernos y partidos nacionalistas y democráticos.[8] En Chile y en Cuba, en Francia y en España, en Estados Unidos —hasta donde fuera posible con el *New Deal* de Roosevelt— los partidos comunistas y otras fuerzas de izquierda afines a Moscú rectificaron su línea.

Las instrucciones del Komintern eran claras. Se trataba de construir alianzas con todos los sectores progresistas. El cardenismo cabía

Adolfo Hitler (foto: *El Universal*)

perfectamente dentro de esa definición de Stalin: el Partido de la Revolución mexicana, fundado por Calles y convertido por Cárdenas en partido oficial, fue asimilado a un Frente Popular. Actos de lesa majestad de Cárdenas, como permitir la estancia de Trotsky en México a partir de 1937, no alteraban esa visión del líder mundial del comunismo.[9]

Joseph Stalin (foto: *El Universal*)

Franklin D. Roosevelt (foto: *El Universal*)

Leon Trotsky en México (foto: *El Universal*)

Todos estos factores le permitieron al PCM respaldar al gobierno no por considerarlo socialista, o que condujera al socialismo, sino por "crear las condiciones para el desarrollo de la Revolución mexicana hacia el socialismo". La tarea de los comunistas, argumentaban ellos, consistía en poner nuevamente en marcha la Revolución de 1910 y conducirla hasta su triunfo completo.[10] En otras palabras, los comunistas seguían siendo partidarios de la RM, y ahora de un gobierno que la representaba fielmente, pero sin tener una línea propia. No quedaba muy clara la diferencia entre la adhesión del PCM a la RM, y la propia RM.

Lo anterior no significó que se disiparan los roces y tensiones entre las dos izquierdas durante el cardenismo. No fue sino hasta 1937 que el PCM proclama "la unidad a toda costa" —impuesta por el Komintern y por Earl Browder, el "encargado" de México por Moscú— y que aceptó, con resignación, un papel secundario dentro de la CTM, todo ello en frecuente conflicto con Lombardo Toledano.[11]

Manuel Ávila Camacho (foto: *El Universal*)

Asimismo, acató, a su pesar, la prohibición por Cárdenas de forjar un bloque obrero-campesino dentro de la CTM, y disolvió, en aras de la "unidad", las fracciones comunistas dentro del recién creado sindicato de maestros. Se conformó con la decisión presidencial de no restablecer relaciones con la URSS —solo lo haría Ávila Camacho en plena Segunda Guerra Mundial. A su vez, la izquierda de la RM admitió la presencia de comunistas en varias dependencias del gobierno, sobre todo en las secretarías de Educación y Comunicaciones, en las escuelas y universidades, aceptó también la llegada de refugiados españoles y de otros países, y la "educación socialista". En los hechos, la izquierda de la RM aceptó el fortalecimiento de la izquierda independiente. Según el propio PCM, llegó a contar con 30 mil miembros al finalizar el periodo. Disponía de una sólida implantación en ciertos sectores obreros —principalmente en los sindicatos industriales de mineros, petroleros y ferrocarrileros— y en zonas campesinas como La Laguna.

En teoría, Cárdenas hubiera podido imponer una sucesión afín a sus propias inclinaciones. Contaba con un candidato (Francisco Múgica), con organizaciones de masas (la CTM, la central campesina), aliados (el PCM, Lombardo Toledano) y un entorno internacional favorable (Roosevelt en la Casa Blanca y la segunda guerra ya en curso en Europa). Para la desgracia de la izquierda de la Revolución mexicana y de los comunistas, desechó esta opción, y optó por una alternativa más centrista, aceptable para el empresariado y las fuerzas más conservadoras del país: Manuel Ávila Camacho.[12] La izquierda mexicana en su totalidad no se repondría de esta derrota hasta 2018 con la elección de López Obrador; los comunistas, nunca. Aunque el partido se sumó a la candidatura de Ávila Camacho desde el año anterior, antes de tomar posesión este se deslindó del PCM, diciendo: "Los comunistas no colaborarán en mi gobierno". Si bien no habrá purga anticomunista en los sindicatos u organizaciones campesinas hasta el sexenio siguiente, por sus propias divisiones internas y la exclusión oficial, el PCM se irá debilitando hasta muy entrados los años sesenta. Además, por primera vez en su corta vida, apareció una tendencia a su izquierda, pequeña, más bien simbólica, pero premonitoria de lo que sucedería en el futuro con el maoísmo y sobre todo el castrismo: los simpatizantes mexicanos de Trotsky, incluyendo a Diego Rivera y a Frida Kahlo.[13]

Frida Kahlo (foto: *El Universal*)

Diego y Frida (foto: *El Universal*)

En realidad, la debacle del PCM en 1940 venía de atrás. La corrupción, el llamado "chambismo", la subordinación a Browder y al Komintern, y la insensibilidad ante el creciente descontento popular con el propio gobierno de Cárdenas en 1939 y 1940, antecedieron la crisis de 1940. Fueron expulsados varios de sus dirigentes principales, entre ellos Valentín Campa, que volvería al redil y sobreviviría hasta finales del siglo pasado, y el secretario general, Hernán Laborde.[14]

Juan Andreu Almazán (foto: *El Universal*)

La mejor prueba del fracaso de la izquierda independiente durante el cardenismo fue el apoyo popular que obtuvo Juan Andreu Almazán, un candidato de derecha, conservador y católico, en las elecciones de 1940. El malestar social se canalizó hacia la derecha, no a la izquierda, de la misma manera que la propia sucesión dentro del PRM se orientó hacia el centro, no hacia la izquierda. La izquierda de la RM fue vencida con la derrota de Múgica; la izquierda independiente, con el surgimiento de la derecha como la única alternativa al cardenismo y al ya para entonces partido hegemónico. Almazán sorprendió a Cárdenas y a Ávila Camacho y los obligó a realizar un fraude electoral significativo a favor del segundo y a manchar las elecciones con violencia el día de los comicios y con protestas en los meses subsiguientes, de acuerdo con una buena parte de los historiadores.[15] El PCM pasó de noche.

La guerra
y la Guerra Fría

La izquierda de la RM, que seguirá representada en el gobierno avilacamachista, incluso por la figura del general Cárdenas en la Secretaría de Guerra, perderá fuerza y presencia durante todo el sexenio. Lo hará en materia de puestos clave, como por ejemplo cuando Fidel Velázquez sustituye a Lombardo en la secretaría general de la CTM, con la aprobación tácita del PCM al retirar al *Ratón* Velasco de la Secretaría de Organización cediendo ese cargo a Fidel Velázquez, recién inaugurado el sexenio. Lo hará en lo simbólico, con la supresión, al final del mismo, de la expresión "educación socialista" en la Constitución.[1] La nueva ley de reparto agrario, la desaceleración de la distribución de tierras, la reconciliación con los empresarios y la incorporación de figuras de derecha como Ezequiel Padilla al gabinete conformaron un giro hacia el centro. Entrañaron el destierro de la izquierda de la parte del poder que había conquistado a través de sus distintas corrientes. Ni los adeptos de la RM ni los comunistas ni los incipientes trotskistas volverían a las cimas que ocuparon durante el cardenismo. A diferencia de lo que sucedió en Europa y en varios países de América Latina, donde la Segunda Guerra y la inmediata posguerra trajeron al poder a gobiernos de izquierda o populistas, junto con reformas sociales de gran calado, en México el año de 1940 marca el fin definitivo del periodo progresista de la Revolución.

Ahí comienza la larga marcha de la izquierda mexicana. Durará casi 70 años. Aunque bajo la influencia de Browder el PCM resolvió en 1944 intentar el ingreso al partido oficial (PRM), el esfuerzo no prosperó.[2] Los comunistas querían ser amigos de Ávila Camacho, pero él no quería ser su amigo. Menos aún Miguel Alemán, cuya campaña todavía apoyó el PCM en 1946, justo antes del comienzo de la Guerra Fría.[3]

La marginación de la izquierda de la vida nacional, tanto la independiente como la inspirada por la Revolución mexicana (RM), durante más de 40 años, encuentra varios orígenes. Si bien fue posible guardar las apariencias, gracias a la Segunda Guerra Mundial, la unidad a toda costa y la presencia de Lázaro Cárdenas en el gobierno de Ávila Camacho a partir de 1942, ya con Alemán no era ni necesario ni deseable hacerlo.

Para la izquierda independiente el alemanismo fue desastroso, porque su expulsión fue prácticamente definitiva del movimiento obrero, sobre todo de los sindicatos minero-metalúrgico, ferrocarrilero y petrolero; por la represión a los comunistas en múltiples localidades del país, y por la negación del registro electoral al partido a partir de 1948. En una extraña paradoja, lo fue también por la creación de un nuevo partido de la izquierda de la RM, el Partido Popular, a su derecha pero en competencia parcial por su misma base. Para la izquierda de la Revolución mexicana el alemanismo entrañó, por lo menos hasta 1959, su propio exilio del gobierno, del PRM transformado en PRI, de la ideología oficial, de las organizaciones de masas oficiales, y de cualquier influencia en las políticas públicas. Así, aunque el PCM sufrió más en los hechos, pudo resguardarse tras el parapeto de la URSS, la Guerra Fría, el movimiento por la paz y otros temas internacionales. En cambio, la izquierda de la RM perdió buena parte de su anterior razón de ser y casi toda su alma. Los cambios al artículo 27 constitucional, las reformas educativas, la proliferación

Valentín Campa y Demetrio Vallejo (foto: *El Universal*)

de los certificados de inafectabilidad en los latifundios, el alineamiento con Washington en la Guerra Fría y la completa domesticación de la gran mayoría de los sindicatos imposibilitaron la persistencia del apoyo de la vieja izquierda "oficial" al alemanismo.[4]

Los famosos "charrazos" sindicales, después de la expulsión de Lombardo Toledano de la CTM y la decisión de Fidel Velázquez en 1947 de obligar a todos los miembros de la CTM de afiliarse al PRI —junto con la del PRI de no aceptar en su seno miembros de otros partidos— , no le dejaron más remedio a la izquierda de la RM que formar su propio partido. Lombardo Toledano crea el Partido Popular en 1948, junto con varias figuras del cardenismo de izquierda, incluyendo a Narciso Bassols, a Raúl Castellano, exsecretario particular de Cárdenas, y a Víctor Manuel Villaseñor.[5] No tendrá la fuerza para revertir la deriva conservadora del gobierno de Alemán, ni siquiera con alianzas explícitas con los comunistas y otros sectores de la izquierda independiente. Junto con el Partido Obrero-Campesino Mexicano (POCM), fundado en 1950, y dirigido en los hechos por excomunistas como Valentín Campa, Carlos Sánchez Cárdenas y Demetrio Vallejo, el Partido Popular y el PCM presentarán un frente disperso ante dicha deriva conservadora. Por primera vez desde su fundación, el PCM no fungía como el único partido de izquierda, y la izquierda de la RM se veía en buena medida expulsada del gobierno. Aunque existían condiciones favorables para la unidad de los tres partidos, la competencia entre ellos desembocó en el debilitamiento de los tres, sobre todo en la medida en que cuadros comunistas fueron incorporándose al Partido Popular, y miembros excluidos del PCM ingresaban al POCM.[6]

El Partido Comunista hizo todos los malabares imaginables para prolongar lo más posible su apoyo a Alemán. Todavía a finales de 1947 consideraba que su gobierno representaba a la "burguesía progresista", y que el PCM debía criticar sus "errores" pero apoyar también sus medidas "progresistas y antimperialistas", para evitar que se convirtiera en un gobierno reaccionario. Ya para 1951 los comunistas debieron abandonar toda simulación y aceptar que el gobierno de Alemán se había convertido en el gobierno de "los banqueros, comerciantes y latifundistas".[7] A mediados de ese año el PCM no tuvo más remedio que apoyar la candidatura presidencial de Lombardo Toledano, sin registro propio y sin medir las consecuencias de la división de las demás fuerzas antialemanistas o antipriistas para entonces (el PRM ya se había transformado en el Partido Revolucionario Institucional). El PCM tenía a sus dirigentes o simpatizantes en la cárcel, o eran detenidos con frecuencia. Hasta un mural de Diego Rivera, readmitido al PC en 1951, *Pesadilla de guerra, sueño de paz*, en Bellas Artes, fue removido en 1952.[8]

En el fondo, con la excepción de Lombardo Toledano, ninguna figura de toda esa izquierda poseía el bagaje intelectual para descifrar el enigma tortuoso que era, para entonces, la Revolución mexicana. Combinaba, ya bajo Alemán, un enfoque claramente autoritario y de derecha, en política económica, agraria, internacional y sindical, con una retórica y una historia de izquierda, y una base popular innegable —a través de la CTM y la CNC—. Para cualquiera hubiera sido difícil enfrentar el reto conceptual que esto significaba. Para la izquierda mexicana, en todas sus acepciones, resultó imposible, sobre todo si tomamos en cuenta que las grandes mentes del país, ya para entonces, habían emigrado al oficialismo alemanista, a la crítica no partidista, o a las profesiones liberales.

Ni el PCM ni Lombardo con su Partido Popular supieron qué hacer con la candidatura presidencial en 1952 de Miguel Henríquez Guzmán, típico integrante de la izquierda de la RM. General revolucionario de origen coahuilense, rodeado de una familia con fama de enriquecimiento en la industria de la construcción, colaborador cercano de Cárdenas, ante todo en la supresión de la rebelión cedillista en 1938. Precandidato del PRM en 1946, Henríquez lanzó su propia candidatura antes de la postulación de Adolfo Ruiz Cortines por el PRI. Era visto por muchas razones como cercano a Cárdenas, y no disimulaba su pretensión de que así fuera. Varios amigos o colaboradores del expresidente, desde su suegro, su esposa y su hijo, hasta Francisco Múgica, lo apoyaban. Su programa de "retorno a la Revolución" era percibido y presentado como un regreso al cardenismo en materia agraria, de inversión extranjera y derechos políticos. Su apoyo entre el campesinado también le daba tintes cardenistas. Los malos resultados económicos del alemanismo en el campo contribuían igualmente a esa fortaleza.[9]

Henríquez, en una elección ganada de forma a todas luces fraudulenta por Ruiz Cortines, obtuvo 10 veces más votos que Lombardo.[10] La creación de una coalición de unidad de izquierda hubiera podido prosperar y lograr un resultado mucho más favorable. Una

Miguel Henríquez Guzmán (fotos: *El Universal*)

vez formada la alianza del Partido Popular, el PCM y el Partido Obrero-Campesino, Lombardo se reunió con Henríquez para buscar un acuerdo que resultó imposible. Ni en alianza ni sin ella se habría logrado el apoyo de la fuerza más importante de la izquierda de la Revolución mexicana: el general Cárdenas. Según sus propios apuntes y las reflexiones de su hijo, Cárdenas le guardaba mayor simpatía personal a Henríquez que a los demás candidatos, pero nunca pensó apoyar su postulación públicamente.[11] La represión poselectoral contra el henriquismo de cualquier manera se produjo, aunque quizá habría enfrentado mayores diques de contención gracias al hipotético respaldo del general.

El hecho es que el año 1952 representó la última ocasión hasta 1988 en que la izquierda independiente y la de la RM, ambas en principio en la oposición (Cárdenas tampoco apoyó al candidato oficial del PRI), hubieran podido participar unidas en una contienda electoral. También constituyó la última escisión del PRI, hasta 1987, que haya simbolizado algo más que un acontecimiento personal. Si Lombardo Toledano a propósito saboteó la unidad con el henriquismo, o actuó únicamente para consolidar su nuevo partido; si los comunistas y los miembros del POCM hubieran apoyado a Henríquez; si la reacción alemanista hubiera sido aún más virulenta en caso de una candidatura única; todas estas interrogantes carecieron de respuesta. La única conclusión es que durante los próximos 35 años la izquierda carecería de cualquier fuerza electoral en el país.[12] Ocuparía solo posiciones marginales en el Estado y en la definición de políticas públicas, y su acción e influencia se verían circunscritas a algunos ámbitos laborales (maestros, ferrocarrileros), a las universidades, la intelectualidad y a determinados gestos de política exterior. Lo cual resultaba contraintuitivo, ya que la precaria situación económica legada por Alemán, la impopularidad del gobierno saliente debida a los excesos de corrupción y la efervescencia social que seguiría debieron haberles permitido a organizaciones políticas o sociales de izquierda ampliar su implantación en la sociedad y hacerse de una base de masas.

Los años cincuenta se convirtieron entonces en otra larga travesía del desierto para todas las izquierdas. El endurecimiento de la Guerra Fría y la persistente alineación proestadounidense del régimen se tradujo en detenciones de dirigentes y militantes de la izquierda independiente, sobre todo del PCM y el POCM. También generó una marginación creciente del Partido Popular y de Lombardo Toledano, así como de los sindicatos independientes que sobrevivieron a los "charrazos", eufemismo utilizado para describir la defenestración de liderazgos independientes en los grandes sindicatos de industria y su reemplazo por dirigentes afines al gobierno y/o a los patrones. El primer "charrazo" se produjo en el sindicato ferrocarrilero,

Mitin del Grupo de Maestros que Dirige el Prof. Salazar

Algunos maestros pertenecientes a la Sección IX del Sindicato Nacional de Trabajadores de la Enseñanza, encabezados por el profesor Othón Salazar Ramírez, se presentaron ayer a las 13 del día frente al edificio del Tribunal de Arbitraje, en la esquina de Chihuahua y Monterrey.

El Movimiento Revolucionario Magisterial (1957-1958) (fotos: *El Universal*)

El Movimiento Ferrocarrilero (1958-1959) (fotos: *El Universal*)

en 1948, cuando Alemán impuso a líderes obedientes, pero que se autoapodaban charros o practicaban la charrería. Muchos se agruparon en la CUT, formada a finales de los años cuarenta.[13]

Fueron los tiempos en que se consolidó el aparato de seguridad mexicano, empezando por la Dirección Federal de Seguridad. La represión política y sindical ejercida por esta última y el Estado en su conjunto tendió a ser aislada, esporádica y selectiva, salvo durante coyunturas específicas. Estas fueron tres: una estudiantil, en el Instituto Politécnico Nacional en 1956; en el movimiento magisterial en 1958, y contra el movimiento ferrocarrilero en 1958-1959.[14] Surgieron también brotes de protesta o independencia sindical en algunas secciones del sindicato petrolero y de telegrafistas y telefonistas, así como entre estudiantes de la Escuela Nacional de Maestros, en movilizaciones campesinas en el noroeste del país, y en menor medida en Morelos, incluyendo tomas de tierras frecuentes.

Todos estos movimientos encerraban varias características comunes. Primero, incluían un ingrediente económico, sobre todo los maestros del Movimiento Revolucionario Magisterial (MRM) en la Sección IX del SNTE en el Distrito Federal, y en el sindicato ferrocarrilero. A pesar de tasas de crecimiento económicas muy respetables, los salarios en el sector público no aumentaron durante el alemanismo, ni durante los primeros años del gobierno de Ruiz Cortines, que decretó una maxidevaluación del peso en 1954. Pero, además, en segundo término, estos movimientos revestían también una connotación de democracia sindical frente a los "charrazos", o imposición de dirigentes corruptos y sumisos, y a la falta de transparencia y libertades en los sindicatos. En tercer lugar, aunque los dos gobiernos —el saliente, de Ruiz Cortines, en 1958, y el entrante, de López Mateos, en 1959— cedieron en varios aspectos a las demandas de los movimientos magisterial y ferrocarrilero, ambos también reprimieron a los dos sindicatos, encarcelaron a sus dirigentes, y montaron virulentas campañas de prensa en su contra.[15]

El último rasgo común consistió en la multiplicación de encuentros entre los movimientos de masas involucrados y los partidos políticos integrantes de la izquierda independiente y/o de la RM. Los casos individuales más emblemáticos fueron los cuadros del Partido Popular en la Federación Nacional de Estudiantes Técnicos (FNET), la organización estudiantil que dirigió el movimiento en el Instituto Politécnico Nacional en 1956; el de Othón Salazar, líder de la Sección IX del SNTE y del MRM, miembro del PCM en los años cuarenta y

Rubén Jaramillo (foto: *El Universal*)

sesenta, y simpatizante del partido durante el movimiento magisterial; Valentín Campa y Demetrio Vallejo, dirigentes del movimiento ferrocarrilero, y miembros en distintos momentos de su vida del PCM o del POCM;[16] Jacinto López, líder campesino y segundo de a bordo del Partido Popular, fiel adepto de Lombardo Toledano; Rubén Jaramillo en Morelos,[17] y Siqueiros, sin vinculación orgánica con el movimiento, pero símbolo del mismo al ser encarcelado en 1960, compartiendo la prisión con Campa y Vallejo.[18]

Estos procesos encerraban una doble implicación. Por un lado, después de 10 años de destierro de las izquierdas del movimiento obrero, los vínculos citados abrían esperanzas de un reencuentro duradero, aunque fuera limitado a ciertos sindicatos de industria o del sector público. Por otro lado, sin embargo, el nexo entre la izquierda partidista, sobre todo comunista, y la social —el magisterio, los ferrocarrileros, sectores campesinos en el noroeste y Morelos— volvió vulnerable a la segunda, sin que la primera pudiera realmente consolidar su arraigo en el seno de un movimiento estratégico, aunque circunscrito a ciertos

Othón Salazar Ramírez (foto: *El Universal*)

sectores. A fin de cuentas, entre la represión de López Mateos, el desgaste, el aislamiento y sin duda algunos errores tácticos, ambos movimientos —el de la izquierda partidista y el social— sucumbieron, en un revés trágico para todos. Pero principalmente para las izquierdas políticas: fue su última oportunidad de lograr y conservar una base obrera o campesina hasta mediados de la primera década del siguiente siglo.

Jacinto López (foto: *El Universal*)

Los dos grandes movimientos sociales de esos años, así como las expresiones laterales ya mencionadas, terminaron en tragedias y la derrota de todas las izquierdas. Vallejo y Campa pasaron varios años, de nuevo, en la cárcel. Othón Salazar entró y salió de prisión repetidamente, y perdió la dirección de la Sección IX del SNTE. Solo mucho después, en los años noventa, pudo la izquierda ocupar cargos importantes en el sindicato. Rubén Jaramillo fue asesinado en 1962, probablemente por fuerzas vinculadas al Estado. Jacinto López sufrió prisión durante varios meses en Hermosillo, y a pesar de haber logrado la expropiación del latifundio de la familia Green en Sonora, se convirtió en burócrata del Partido Popular, transformado en Popular Socialista en 1961. La valentía y tenacidad de todos estos personajes está fuera de duda, pero su fracaso en esos años, también.

López Mateos, Cuba, Khruschev y las escisiones

Al arrancar el sexenio de López Mateos, que poco después llegaría a declararse "de extrema izquierda, dentro de la Constitución", y al triunfar la Revolución cubana (en enero de 1959), las izquierdas mexicanas se encontraban en la víspera de otro retroceso histórico y de una singular debilidad para aprovechar una coyuntura nacional e internacional excepcionalmente favorable. Buena parte de la represión contra los movimientos populares y obreros la desataría el nuevo gobierno en 1959, pero la impreparación de la izquierda independiente y la capitulación de la izquierda oficial vino desde antes. En cambio, quien se beneficiaría más que nadie de la citada coyuntura de 1958-1964 sería la izquierda de la Revolución mexicana en el gobierno, con posturas de política exterior (frente a Cuba), de educación (con el libro de texto gratuito), de nacionalismo económico (con la mexicanización de la industria eléctrica) y de política social, a través de un nuevo auge del reparto de tierras y la creación del ISSSTE. Figuras como Jaime Torres Bodet, Martín Luis Guzmán y Javier Barros Sierra acompañarían a conservadores en el gobierno, y le permitirían al gobierno mantener una postura en muchos aspectos afín al viejo nacionalismo revolucionario. El advenimiento del régimen de

Fidel Castro en Cuba lo obligaría a inclinarse más hacia su izquierda de lo que hubiera deseado, pero sin jamás poner en riesgo la relación con Estados Unidos. Como veremos ahora, por eso tal vez la Revolución cubana surtió un menor efecto político en México que en otras latitudes, aunque su impacto cultural e ideológico fue inmenso.

La izquierda mexicana, en todas las acepciones de la palabra, guardó una postura de apoyo incondicional hacia el régimen cubano hasta la fecha. Así fue desde 1959 y a través de todas las crisis del gobierno de los Castro. Pero este respaldo nunca se tradujo, ni siquiera con López Obrador, en alguna de las dos consecuencias que la afinidad con La Habana entrañó en el resto de América Latina. La primera fue la lucha armada y la división de la izquierda entre grupos guerrilleros castristas y partidos comunistas ortodoxos. Salvo las excepciones descritas más adelante, y que nunca adquirieron las dimensiones de otros países latinoamericanos, México evitó las tragedias y las aberraciones de las armas, en buena medida porque Cuba no las exportó a México. No lo hizo por múltiples razones, y las guerrillas nunca prendieron en México por varios motivos: la postura procubana de los gobiernos priistas entre los primeros, el carácter no rabiosamente represor del régimen mexicano entre los segundos. En segundo término, la cercanía con los Castro jamás desembocó en un conflicto con Washington: ningún presidente priista lo permitió (baste recordar que hasta 2019 ningún líder cubano había efectuado una visita bilateral a la Ciudad de México). Los del PRI no comían lumbre, y las dos izquierdas no se los exigían.

A finales de los cincuenta, en pleno milagro económico mexicano, el pequeño y extraño mundo del Partido Comunista Mexicano vivió un proceso de cambio en su definición política. El PCM intentó dar un viraje, en simultaneidad con la Revolución cubana (1959). Dejó atrás la política de "unidad a toda costa" establecida en los años treinta, emanada de las órdenes de Moscú. El PCM tenía entonces 1 348 miembros, en un país de casi 30 millones de habitantes.[1] Descansaba en un grupo de "profesionales", es decir, personas que vivían con salarios miserables pagados por el partido.

José Revueltas (foto: *El Universal*)

Eran en su mayoría oficinistas, profesores de primaria, excampesinos, obreros despedidos, algunos estudiantes y unos cuantos intelectuales.

Ese pequeño grupo de militantes de tiempo completo —lo que tradicionalmente, en todos los partidos comunistas, se solía llamar el aparato— pasó a ser dirigido por un fugaz ayudante de Diego Rivera, Arnoldo Martínez Verdugo, impactado por los movimientos ferrocarrileros de 1958-1959, el de los maestros de 1956-1960 y el naciente movimiento estudiantil. Aprovechó que el secretario general del PCM, el carpintero Dionisio Encina, se encontraba preso, para adueñarse de la dirección del PCM, en su XIII Congreso, realizado en mayo de 1960.[2] El relevo se produjo en la estela de "destalinización" iniciada en 1956 por Khrushchev en la URSS, y de la Revolución cubana. En ese Congreso, como ya sugerimos, el partido aprobó luchar por "una nueva Revolución", declarando que la Revolución mexicana, nacional-de-

Enrique González Rojo (foto: *El Universal*)

Guillermo Rousset Banda (foto: *El Universal*)

Ezra Pound (foto: *El Universal*)

mocrático-burguesa, había concluido. Se clausuraba así, por lo menos formalmente, la adhesión del PCM a la Revolución de 1910.[3] Como siempre en la mayoría de las organizaciones comunistas en el mundo, los cambios sucedían como confluencia de factores internos —luchas burocráticas— y externos —el Informe Khrushchev y Cuba —. Ambos factores fueron determinantes.

La Revolución nacional-democrático-burguesa consistía en la realización de una serie de tareas no socialistas y que constituían una etapa previa necesaria y deseable al socialismo propiamente tal. Dichas tareas incluían una reforma agraria, la recuperación de los recursos naturales, elecciones democráticas, y una política exterior independiente. En muchos sentidos, se podía concluir —y así lo hizo Martínez Verdugo— que la Revolución mexicana había consumado estas tareas y que la etapa nacional-democrática-burguesa había concluido.

Las tesis de Martínez Verdugo suscitaron severas dudas y desacuerdos dentro y fuera del partido. Entre ellos destacaron el escritor comunista José Revueltas, el poeta Enrique González Rojo y el singular intelectual Guillermo Rousset, principal traductor al español de Ezra Pound. Todos ellos pertenecían al Comité del Distrito Federal del partido, y ahí se atrincheraron. Fueron expulsados. Crearon entonces la Liga Leninista Espartaco, y después la Liga Comunista Espartaco, de donde a su vez fue

Arnoldo Martínez Verdugo (foto: *El Universal*)

Víctor Flores Olea (foto: *El Universal*)

proscrito Revueltas, por revisionista.[4] Por su parte, Rousset creó el Partido Mexicano del Proletariado,[5] aunque tuvo que huir a París, acusado de asesinato por cuestiones pasionales. En la capital francesa repetiría la hazaña. Se trataba de la primera escisión hacia su izquierda en el PCM, antecedida únicamente por los pequeños grupos trotskistas en los años cuarenta. Algunos la denominaron "espartaquista", evocando el recuerdo de Rosa Luxemburgo y Karl Liebknecht, asesinados en 1918 en Berlín.

Según José Revueltas, elocuente, estridente y pasional en sus juicios, Martínez Verdugo y su grupo constituían una pandilla de lúmpenes o desechos sociales que mediante delegados inventados y otros fraudes se adueñaron del XIII Congreso del partido. Plasmó sus denuncias en un texto que alcanzaría fama más por su título que por su contenido: *Ensayo sobre un proletariado sin cabeza*.[6] Pero la habilidad de Arnoldo y las circunstancias del momento favorecieron a la nueva dirección y el hecho es que, a partir de ese momento, Martínez Verdugo y su grupo dirigieron al PCM hasta su desaparición en 1981. Bajo su conducción, el partido puso en práctica

Enrique González Pedrero (foto: *El Universal*)

Carlos Fuentes (foto: *El Universal*)

Fernado Benitez (foto: *El Universal*)

una política distinta a la que se impulsó durante los años anteriores —1940-1960— de apoyar lo positivo y criticar lo negativo de los gobiernos emanados de la Revolución, pasando a una oposición política abierta. Se optó por la lucha electoral como principal método de acción, mas no necesariamente el único. Sin registro oficial, el PCM creó el Frente Electoral del Pueblo en 1964.[7] En 1961, sin embargo, se vio amenazado a su derecha por el nacimiento, con su participación, del Movimiento de Liberación Nacional (MLN).

El general Lázaro Cárdenas fundó el MLN bajo la inspiración de la Conferencia Latinoamericana por la Soberanía Nacional, la Emancipación Económica y la Paz, efectuada en la Ciudad de México en ese mismo año, meses después y en parte como consecuencia de la fallida invasión estadounidense a Cuba en Playa Girón. Esa conferencia fue el

Cuauhtémoc Cárdenas y Heberto Castillo (foto: *El Universal*)

Rolando Cordera (foto: *El Universal*)

Alonso Aguilar Monteverde (foto: *El Universal*)

antecedente de la llamada Tricontinental, y de la Organización Latinoamericana de Solidaridad (OLAS), creada en 1965 por Fidel Castro. El MLN agrupó a todas las izquierdas de la Revolución mexicana y al PCM. Aglutinó a Vicente Lombardo Toledano, a los intelectuales nacionalistas Víctor Flores Olea y Enrique González Pedrero, junto con otros hoy ya fallecidos, como el novelista mexicano más importante de esos años, Carlos Fuentes, el indigenista Fernando Benítez y los ingenieros Heberto Castillo y Cuauhtémoc Cárdenas. Entre los fundadores del MLN también figuraron Rolando Cordera, su primer dirigente juvenil, y Alonso Aguilar Monteverde, intelectual ligado a Fidel Castro hasta su muerte en 2012.[8]

El Movimiento de Liberación Nacional tuvo una vida muy corta. Los comunistas se desprendieron en 1964, y el agrupamiento desapareció en 1968 al ser encarcelado Heberto Castillo, uno de sus principales dirigentes durante los primeros años de la década de los sesenta. Curiosamente, aunque eran parte de la izquierda de la RM y por lo tanto defensores de la Constitución, varios de sus líderes representaron a la izquierda mexicana en la OLAS, que promovió la guerra de guerrillas a nivel continental. Esta postura tal vez puede explicarse por la estrecha relación del general Cárdenas con Fidel

Castro y el desprecio de ambos hacia el PCM. En realidad, ninguno de los integrantes del MLN ni de la clase política de izquierda llegó a apoyar la idea de la lucha armada en México, aunque, como veremos, el PCM sí lo hizo parcialmente.

En cambio, la izquierda de la RM y la izquierda independiente sostuvieron siempre una actitud de apoyo incondicional al gobierno de Cuba, a diferencia de la URSS y la República Popular China, que en determinadas coyunturas (1968, 1979) fueron criticadas por el PCM.[9] Jamás cuestionaron sus posturas contrarias a los derechos humanos y las libertades, ni el curso general de la Revolución isleña. Nunca definieron una clara defensa de la democracia, lo cual les restó credibilidad en muchos sectores de la sociedad y especialmente entre las clases medias y una parte de la intelectualidad.

Los grupos armados, los movimientos estudiantiles y el 68

Esta nueva etapa se caracterizó también por una serie de encuentros y desencuentros de las izquierdas independientes y las de la Revolución mexicana. El PCM se hallaba en el peor de los mundos posibles. Fue hostilizado por los gobiernos priistas y vio cómo el ejército reprimía a los ferrocarrileros, encarcelaba o asesinaba a sus dirigentes y acosaba a sus militantes. Simultáneamente, La Habana lo despreciaba. Vicente Lombardo mantenía su posición como el hombre de Moscú en México; los jóvenes revolucionarios admiraban a los castristas y los intelectuales rechazaban al PCM por sectario y dogmático.

En esos inicios de la década de los sesenta, tanto los integrantes de las izquierdas de la Revolución mexicana —los que estaban dentro del gobierno o eran sus aliados— como los grupos situados a la izquierda del partido se oponían a participar electoralmente con candidaturas propias. Los de la RM consideraban que actuar de manera independiente favorecía a la derecha; los radicales nunca creyeron en la vía electoral y pacífica para realizar cambios: ni siquiera reformas, menos la Revolución. Algunos de ellos —pocos— optaron por integrarse a la nueva ola de izquierda nacida a raíz de la Revolución cubana, a saber, la lucha armada.

Por varias razones, la Revolución cubana surtió un impacto sobre la izquierda en México similar a la de la Revolución rusa. No fortalecería a la izquierda, pero la marcaría de manera indeleble durante medio siglo. El fenómeno de la lucha armada en México revistió características propias y otras similares a las del resto de América Latina, debido a la influencia de época de la Revolución cubana. Entre dichas características destaca que los grupos armados mexicanos disponían de armamento muy rudimentario, casi nulo entrenamiento y capacitación militar, y una débil implantación social, salvo con algunos grupos campesinos. No contaban con una estrategia como la teoría del foco guerrillero en Cuba, ni la guerra popular prolongada de los maoístas. Actuaron sin ningún apoyo internacional; los contactos con Corea del Norte del Movimiento de Acción Revolucionaria (MAR) fueron más pantomima y farsa que serios. Sobre todo, jamás obtuvieron el respaldo de Cuba, cuyo Estado fomentó la guerrilla en toda América Latina. Pero no en México. Esto significó el ahorro de miles de víctimas jóvenes que hubiesen optado por la lucha armada, de haber apoyado Cuba a esos grupos. Pero ellos sí apoyaron a Cuba, hasta la fecha.

Los primeros grupos armados en México de la segunda mitad del siglo XX surgieron el 23 de septiembre de 1965, en el ataque fallido del Grupo Popular Guerrillero (GPG) al Cuartel Militar de Ciudad Madera en Chihuahua.[1] Aunque faltan comprobaciones irrefutables —los archivos de la Dirección Federal de Seguridad padecen de desorden, omisiones y dificultades de acceso, y los del ejército no se pueden consultar— una buena parte de los grupos subsiguientes probablemente fueron penetrados por la policía desde el principio. Destaca un siniestro personaje: el capitán del Ejército, Lorenzo Cárdenas Barajas, infiltrado en el grupo que atacó el Cuartel de Ciudad Madera, y en varios grupos posteriores que surgieron después de 1968, entre ellos el de Víctor Rico Galán y el Movimiento Marxista Leninista o MML. La represión del Estado fue salvaje: torturas, ejecuciones sumarias, lanzamiento de detenidos desde avionetas al mar, detención y exterminio de pueblos enteros, todo con la complicidad de los aparatos de justicia, de los Congresos, los partidos, los medios y parte de la sociedad civil. Asimismo, al interior de las organizaciones, en casi todos los grupos, se produjeron ejecuciones contra militantes acusados de ser "agentes infiltrados" o por "haber roto la disciplina" o "haber confesado bajo las torturas". El caso más conocido fue el de Napoleón Glockner y Nora Rivera, ejecutados por quien después se llamaría el comandante Germán del Ejército Zapatista de Liberación Nacional, en 1976. Después de haber sido detenidos y torturados por las autoridades, ambos señalaron la ubicación de una casa de seguridad; perdieron la vida por ello.[2]

Otros ejemplos incluyen las ejecuciones del profesor Alfonso Peralta, militante trotskista, ejecutado el 12 de mayo de 1977 por un comando de la Liga Comunista 23 de Septiembre, acusado de reformista, y el asesinato de Carlos Hernández Chavarría, secretario general de la Universidad Benito Juárez de Oaxaca (UABJO), militante del PCM, por la Unión del Pueblo. Otros casos fueron menos corroborados, incluso con el tiempo. En 1966 en La Ceiba, población de la Sierra Norte de Puebla, fueron detenidos tres ciudadanos argentinos y militantes del Partido Obrero Revolucionario Trotskista, entre ellos Adolfo Gilly, escritor e historiador naturalizado mexicano, quienes venían huyendo de Guatemala.[3] Habían sido enviados como parte de la estrategia de *entrismo*, para incrustarse en las guerrillas castristas del grupo guerrillero MR-13, comandado por Marco Antonio Yon Sosa.

El periodista Víctor Rico Galán, nacido en Galicia, España, refugiado desde niño en México, muy cercano a Fidel Castro y a Ernesto *Che* Guevara, publicó reportajes dramáticos describiendo el salvajismo del Ejército contra los atacantes del Cuartel de Madera. Inspirado en la teoría del foco guerrillero promovida por los cubanos, Rico Galán organizó el Movimiento Revolucionario del Pueblo (MRP), el único grupo armado que recibió apoyo directo del gobierno cubano. El 11 de agosto de 1966, antes de realizar una operación militar, fueron detenidos simultáneamente todos sus integrantes en sus "casas de seguridad". Entre ellos figuraba Ana María Rico Galán, hermana de Víctor Rico Galán y él mismo, cuando iba rumbo a La Habana. A raíz de la detención de sus integrantes el gobierno cubano se deslindó y únicamente dio asilo a la madre de los hermanos Rico Galán y a un hermano, quienes vivieron varios años, casi bajo arresto domiciliario, en el Hotel Habana Libre.[4]

Víctor Rico Galán (foto: *El Universal*)

Ana María Rico Galán (foto: *El Universal*)

Los grupos armados posteriores al ataque al Cuartel de Madera, al MRP de los hermanos Rico Galán, fueron pocos, con escasos militantes, casi todos pro China y/o simpatizantes de Cuba, con una presencia política y social marginal. Después de la muerte del Che Guevara, el 9 de octubre de 1967, el Movimiento de Izquierda Revolucionaria Estudiantil (MIRE), grupo afín a la Liga Comunista Espartaco, intentó colocar una bomba en la embajada de Bolivia. Fracasaron, fueron detenidos y llevados a la cárcel de Lecumberri, donde permanecieron presos más de cinco años. Asimismo, en 1967 Óscar González Eguiarte y los hermanos Salvador y Antonio Gaytán, sobrevivientes de Madera, con Rafael Estrada Villa, quien fue muy cercano a Vicente Lombardo Toledano, crearon la Organización Nacional de Acción Revolucionaria (ONAR). Este grupo prácticamente no tuvo acción militar alguna. El Movimiento Marxista Leninista (MML), por su parte, sostuvo vínculos directos con China. Inmediatamente después de la masacre de Tlatelolco, colocaron bombas en las oficinas del PRI y en el Viaducto. Estuvo integrado por Federico Emery Ulloa, Adán Nieto Castillo y Pablo Alvarado Barrera. Este último murió asesinado de manera misteriosa en Lecumberri.

En 1969 en la URSS, se crea el Movimiento de Acción Revolucionaria (MAR). La mayoría de los que fueron reclutados a sus filas eran estudiantes de la Universidad Patricio Lumumba y recibieron entrenamiento en Corea del Norte a espaldas del gobierno soviético.[5] El gobierno de Echeverría detuvo a sus líderes principales el 15 de marzo de 1971, en la Ciudad de México. Dos días después, declaró *non gratos* a varios diplomáticos soviéticos, acusados de ser parte de la conjura del MAR. Como se ve, en todos los casos se trató de grupúsculos dispersos, impotentes, y rápida y fácilmente controlados por el Estado. Figuran entre las muchas excentricidades de la izquierda mexicana, y de sus componentes armados, o que en todo caso se propusieron serlo. Como el régimen cubano se negó siempre a respaldarlos —es decir, a entrenarlos, armarlos, unirlos y, en su caso, a dirigirlos— algunos guerrilleros en potencia, desde los años sesenta y hasta la expulsión mencionada, recurrieron a Kim Il Sung en Corea del Norte para recibir el apoyo que la isla nunca les brindó. Pocos países del mundo han vivido semejante experiencia: ver desembarcar en sus costas "combatientes" formados por uno de los regímenes más aislados, antediluvianos y autoritarios del mundo. La fidelidad a Pyongyang de una parte de la izquierda mexicana contemporánea (el PT) quizá se explique por estos antecedentes.

El conjunto de grupos armados realizó pocas acciones armadas y algunos ni siquiera lograron actuar porque fueron desmantelados debido a la infiltración de la policía política. Su influencia en los cambios políticos fue muy débil, en contraste con la narrativa semioficial actual, hábilmente difundida, que coloca sus acciones como el principal aporte para la tan larga y limitada transición democrática. Esa narrativa semioficial al mismo tiempo exime de toda responsabilidad a las fuerzas armadas, en la salvaje represión de la llamada guerra sucia, debido a los acuerdos del gobierno de Andrés Manuel López Obrador con el ejército. Era una política condenada al fracaso. No se puede caminar dando pasos con una pierna a la izquierda y la otra a la derecha.

Otra característica de las izquierdas independientes en los años sesenta y setenta —con efectos más duraderos y consecuentes— consistió en la irrupción en su seno del movimiento estudiantil mexicano, cuyos antecedentes se remontaban a la huelga del Instituto Politécnico Nacional (IPN) en 1956. Todas las izquierdas, tanto las de la Revolución mexicana como las independientes, nacieron, se nutrieron, dirigieron y sufrieron las victorias, represiones y derrotas del movimiento estudiantil. La ocupación del Instituto Politécnico Nacional por el ejército en 1956 abrió un largo periodo de luchas estudiantiles y de una sistemática política del Estado mexicano en su contra. Ese primer enfrentamiento lo encabezó un joven estudiante de medicina del IPN, Nicandro Mendoza, miembro del Partido Popular de Lombardo Toledano. En agosto-septiembre de 1958 surgió un movimiento estudiantil en las ciudades de México, Puebla, Guadalajara y Monterrey, en contra del incremento en las tarifas

Alfredo Vladimir Bonfil (foto: *El Universal*)

de los camiones de pasajeros. Se incendiaron varias decenas de autobuses en el Zócalo, en Ciudad Universitaria, el Politécnico y la Normal de Maestros.

Comenzó entonces una negociación con el gobierno, en la que intervinieron destacados miembros del PRI, como Alfredo Vladimir Bonfil y Alfredo Ríos Camarena, este último simpatizante de Fidel Castro. Todos formaban parte de la izquierda castrista, donde figuraron también Augusto Gómez Villanueva, Félix Barra García y Jorge Martínez Rosillo, un personaje legendario vinculado al dirigente castrista Ramiro Valdés, y el joven comunista Raúl Álvarez Garín, también admirador de la Revolución cubana. Así, durante la década de los años sesenta, proliferaron movimientos en múltiples universidades del país. En casi todas, el ejército ocupó los campus, destituyó a los rectores de izquierda y encarceló a cientos de estudiantes. Algunos de ellos murieron en ese preludio nacional del movimiento estudiantil de 1968, que coincidió con otros en casi 70 países en el mismo año.

Alfredo Ríos Camarena y Augusto Gómez Villanueva (foto: *El Universal*)

El comandante cubano Ramiro Valdés (fotografía de dominio público)

Las izquierdas, en su conjunto, participaron activamente en las direcciones de esas luchas y entre sus activistas. Las que pertenecían al "ala castrista" del PRI, al Partido Popular Socialista, al espartaquismo, al trotskismo, al maoísmo, al guevarismo, a la Juventud Comunista, a las comunidades de base cristianas, todas ellas tatuaron sus cuerpos, sus "almas", su cultura y sus fantasías con el movimiento del 68. El movimiento abarcó la participación de varios partidos, de grupos, corrientes y grupúsculos de las izquierdas, en sus diferentes formas: asambleas, brigadas, manifestaciones, comités de huelga y en el Consejo Nacional de Huelga de la UNAM y del IPN. Los partidos políticos, sin embargo, al igual que en el resto del mundo ese año, sufrían el repudio de los estudiantes y así aconteció también en México. De ahí su difícil implantación en el movimiento estudiantil.

El máximo órgano dirigente del movimiento del 68, el Consejo Nacional de Huelga (CNH), se integró por tres delegados por cada escuela o facultad. Fueron 70 escuelas en la Ciudad de México y de otros estados. El CNH era rotatorio. Llegó a incluir a unos 270 delegados en total. El grupo más importante era el de un conjunto de líderes estudiantiles sin partido como Raúl Álvarez, Gilberto Guevara, Luis Tomás Cervantes Cabeza de Vaca, Luis González de Alba, Roberto Escudero, Miguel Eduardo Valle, *el Búho*, Roberta Avendaño, *la Tita*, Adriana Corona, Eugenia Valero, *la Generala* (hermana de Ricardo Valero, quien fue asistente de Jorge Castañeda padre y de Porfirio Muñoz Ledo, y embajador de México en Chile y Argentina).[6] Casi todos cayeron presos, y casi todos, al salir de la cárcel, fundaron la Organización Revolucionaria Punto Crítico.[7] Como era de esperarse, pocas mujeres participaron en la dirección del movimiento: en esa época, no rebasaban el 20 por ciento del total de matrícula universitaria.

Las comunidades de base cristianas y la teología de la liberación

Después del II Concilio Vaticano del papa Juan XXIII, con su llamado *aggiornamiento*, se fortalecieron las tendencias de izquierda en la Iglesia católica, que rescataban la experiencia de los curas obreros de la Juventud Obrera Católica y otras corrientes teológicas. En América Latina revistió gran importancia el grupo guerrillero del padre Camilo Torres. En México, el obispo de Cuernavaca, Sergio Méndez Arceo, participó, realizó múltiples acciones e incluso diálogos con las izquierdas, en particular con el Partido Comunista Mexicano. Asistió a la Conferencia mundial de solidaridad con los pueblos de Indochina realizada en Versalles entre febrero y marzo de 1972.

En la UNAM, el Centro Universitario Cristiano, que encabezó el padre Miguel Concha Malo, participó en el movimiento del 68. Una de sus activistas era la delegada por Odontología, Marcia Gutiérrez. En la Universidad de Nuevo León tenían la Organización Cristiana Universitaria (OCU), fue la organización básica de la Liga Comunista 23 de Septiembre, junto con la escisión de la Juventud Comunista Mexicana. Su labor fue muy importante, en un país de muchas tentaciones jacobinas impulsadas por el PRI bajo el pretexto de la laicidad.

Consejo Nacional de Huelga. En la foto aparecen, entre otros, de izquierda a derecha: Roberta Avendaño *la Tita*, Roberto Escudero y Raúl Álvarez. (foto: *El Universal*)

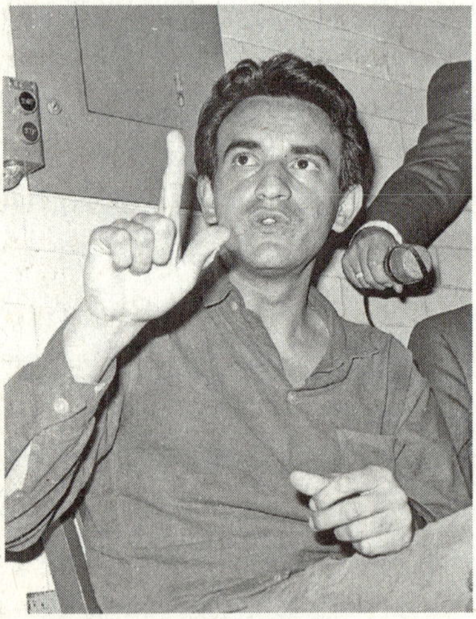

Gilberto Guevara (foto: *El Universal*)

Tuvieron también un movimiento sindical de cierta importancia agrupado en el Frente Auténtico del Trabajo (FAT), algunos de cuyos dirigentes continúan en el activismo sindical, como Arturo Alcalde, o en Morena, como su esposa Berta Luján, y Luisa María Alcalde, actual secretaria de Gobernación y antes secretaria del Trabajo en el gobierno de Andrés Manuel López Obrador.

Los jesuitas tuvieron un papel muy importante en la guerrilla de

El Salvador, donde Rubén Aguilar dirigió la Agencia Salvadoreña de Prensa Socialista (SALPRESS) y después fue vocero del presidente Vicente Fox, quien hizo célebre la frase "lo que el presidente quiso decir".

Mujeres del 68 (fotos: *El Universal*)

La Juventud Comunista Mexicana constituyó la única organización partidaria importante perteneciente al PCM.[1] Envió unos 37 delegados al CNH. El más conocido de sus integrantes fue Marcelino Perelló y, en menor medida, Raúl Moreno Wonchee, después cercano a Luis Echeverría, a quien invitó a inaugurar los cursos de la UNAM el 14 de marzo de 1975, donde recibió una pedrada y fue cues-

Enfrentamientos con los militares (fotos: *El Universal*)

tionado en el auditorio de Medicina, en una época que el presidente era intocable. Otros miembros de la Juventud Comunista que desempeñaron un papel rector en el CNH fueron Raúl Jardón y Guillermo Fernández, gerente general del Fondo de Cultura Económica hasta su reciente fallecimiento. El PRI tuvo algunos delegados, los trotskistas solamente dos, la liga Comunista Espartaco ninguno. No hubo anarquistas. La inmensa mayoría de los delegados eran estudiantes sin militancia partidista.

Después del movimiento las izquierdas, todas ellas, crecieron gracias a la llegada a sus filas de miles de activistas. Una de las principales explicaciones de esta expansión residió en una de las características más significativas del Movimiento del 68: abarcaba mucho más que los seis puntos del Pliego de Demandas, limitado a temas puntuales coyunturales como la libertad de los presos políticos, la destitución del jefe de la policía y otros del mismo estilo. El movimiento abanderó una condena al régimen político de casi 70 años de autoritarismo, al presidencialismo, al corporativismo. En palabras de Carlos Fuentes, "representó una ruptura flagrante con la legitimidad revolucionaria… de todos los gobiernos a partir de Carranza".[2] Su naturaleza revolucionaria consistía en esa ruptura. Su rebeldía rebasaba los marcos institucionales. No se proponía intervenir en la política formal, ni mucho menos en la electoral, por buenas y malas razones. Se produjeron numerosas acciones de resistencia contra la represión, junto con batallas campales en las calles del Centro Histórico. Se incendiaron unos 200 vehículos: camiones, patrullas y trolebuses, para resistir la represión policiaca.

Sin embargo, el movimiento no consiguió atraer a los trabajadores y ese aislamiento facilitó la solución militar impuesta por el gobierno. El movimiento estudiantil debió levantar la huelga después de la manifestación del 13 de septiembre, pero optó por proseguir con la movilización. El gobierno temió que los estudiantes boicotearan los XIX Juegos Olímpicos. Por esa y muchas otras razones, que se han explicado en múltiples testimonios y libros, incluyendo los de los que escribimos estas líneas, ocupó militarmente los campus de la UNAM y el Politécnico en septiembre de 1968. El 2 de octubre usó la fuerza militar para ponerle fin al movimiento, 10 días antes de la inauguración de las Olimpiadas.

Sigue siendo un enigma el número de muertos en la masacre de Tlatelolco. Aunque una investigación de Miguel Eduardo Valle, *el Búho*, basada en las indagaciones de la Fiscalía Especial para los Movimientos Sociales y Políticos del Pasado (FEMOSPP), ubicó a 58 civiles y dos militares, con sus nombres y apellidos, en esa trágica tarde-noche, y la cifra cabalística de 68 muertos desde el inicio del movimiento, del 26 de julio hasta el 2 de octubre.[3] El Estado mexicano padeció posteriormente el "síndrome del 2 de octubre" a niveles insólitos. Se volvió casi imposible recurrir al uso de la fuerza para imponer el orden, como ocurrió con la matanza del 10 de junio de 1971 con grupos paramilitares, y en los combates a los movimientos armados que surgieron después del 68.

Exagerar el número de muertos se volvió contra los movimientos de resistencia al régimen priista. Favoreció al Estado, dado que para mucha gente manifestarse equivalía a poner en riesgo su vida, lo cual, con la excepción, no menor, del Jueves de Corpus, no resultaba cierto. Al mismo tiempo, el Estado mexicano no se vio perjudicado por las consecuencias de un número enorme de desaparecidos, porque no los hubo. En el Estado, el síndrome del 2 de octubre se transformó en un factor paralizante ante acciones preventivas contra acciones delictuosas, por temor a repetir una matanza como la de Tlatelolco.

El 68 mexicano fue la ruptura masiva de cientos de miles de estudiantes con el viejo régimen de la Revolución mexicana. Esa ruptura no se reducía a su modesto pliego petitorio; en un sistema cerrado y autoritario como era el priato —denominado magistralmente por Mario Vargas Llosa la "dictadura perfecta— las demandas de respeto a las libertades democráticas tuvieron un carácter "subversivo". Esa naturaleza del 68 la comprendió perfectamente el presidente Gustavo Díaz Ordaz, y por ello optó por la masacre del 2 de octubre en Tlatelolco y nunca dudó de la justeza de esa acción, como lo dijo con todas sus palabras en el informe del 1 de septiembre de 1969. El 68 mexicano es un caso casi único de conjunción democrática con carácter revolucionario. Fue un oxímoron que el pensamiento dogmático no supo entender, y el fenómeno social que contribuyó a la larga y sinuosa transición mexicana.

El Jueves de Corpus. Un renacimiento del 68

La manifestación del 10 de junio de 1971 masacrada en San Cosme no puede calificarse como un simple "halconazo". Fue la continuación del movimiento del 68. Intentó resolver el gran problema de la unión obrero-estudiantil que no pudo consumar el 68, una de sus debilidades, que favoreció la "solución" represiva del Estado mexicano. Su lema principal fue ganar la calle. Los promotores de salir a la calle eran Joel Ochoa, del Comité de Prepa Popular; Severiano Sánchez, de la Escuela de Físico Matemáticas del IPN; Raúl Moreno Wonchee, de Medicina de la UNAM; Joel Ortega Juárez, de Economía UNAM, y la mayoría de los Comités de Lucha del Comité Coordinador de Comités de Lucha (CoCo).

La fracción opuesta a salir a la calle, que encabezaban los líderes recién llegados de Chile, Raúl Álvarez Garín, Gilberto Guevara, Luis Tomás Cervantes Cabeza de Vaca, Miguel Eduardo Valle, *el Búho,* y Roberto Escudero, entre otros, bautizados como las "Vacas Sagradas", aducían que el movimiento de la Universidad Autónoma de Nuevo León había triunfado con la destitución del gobernador Elizondo y del rector militar, y que no tenía sentido desafiar al gobierno de Luis Echeverría con una manifestación callejera. En lugar de salir a la calle proponían una marcha de la victoria dentro de Ciudad Universitaria, encabezada por Pablo González Casanova, rector de la UNAM, y por Ulises Leal Flores, rector de la Universidad de Nuevo León.

Echeverría había destituido al gobernador Elizondo, derogado la Ley Orgánica corporativa y destituido al rector militar Arnulfo Treviño Garza. Esa gran maniobra del presidente ilusionó a buena parte de la intelectualidad que inventó el falso dilema "Echeverría o el fascismo", en un pronunciamiento firmado por Víctor Flores Olea, Enrique González Pedrero, Fernando Benítez y Carlos Fuentes. La mayoría de los Comités de Lucha agrupados en el CoCo derrotaron a la corriente aperturista, bautizada así para ironizar el calificativo del ingeniero Heberto Castillo, que consideraba que el de Echeverría era un gobierno de apertura democrática. Fueron derrotados en las asambleas con el lema "ni Echeverría, ni el fascismo, el camino es el socialismo".

Echeverría tuvo que acudir al grupo paramilitar de los Halcones, consciente del desprestigio del ejército después de Tlatelolco. El Jueves de Corpus, además de la matanza salvaje de 44 personas, comprobadas con nombre y apellido, fue un movimiento que desenmascaró la demagogia de Echeverría. En torno al 10 de junio se enfrentaron las dos izquierdas, la de la Revolución mexicana y la independiente. Las de la RM defendieron a Echeverría y las independientes lo culparon de la matanza.[1]

Más lucha armada y el salto al EZLN

Después de las masacres del 2 de octubre en Tlatelolco y del 10 de junio en San Cosme, muchos grupos contemplaron o se lanzaron a la acción armada, siguiendo a quienes lo habían intentado en la década de los años sesenta. Esta decisión suscitó encendidos debates, escisiones, luchas y condenas en las filas del Partido Comunista y de otras organizaciones de la izquierda independiente. Muchas discusiones revestían un carácter arcano, si no es que francamente bizantino, a pesar de la sinceridad y la integridad de sus protagonistas.

Una parte de los partidarios de la lucha armada pasaron a ser seguidores de los grupos urbanos brasileños de Carlos Marighella, exdirigente del Partido Comunista Brasileño.[1] Se trataba de guerrillas urbanas, las llamadas Unidades Tácticas de Combate a las que pertenecieron Dilma Rousseff, presidenta de Brasil, y José Dirceu, quien fue jefe del Gabinete de Luiz Inácio Lula da Silva, también presidente de Brasil. Aparecieron múltiples grupos urbanos integrados por jóvenes iracundos, cuadros desencantados con los partidos, activistas de origen cristiano y militantes aislados que vieron cerradas las posibilidades de lucha política abierta debido a esas represiones. Sus acciones más espectaculares fueron los secuestros de Julio

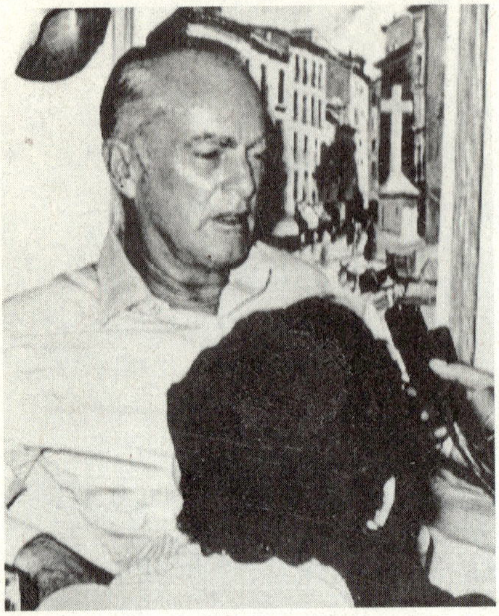

Terrance Leonhardy (foto: *El Universal*)

Hirschfeld Almada, director de Aeropuertos y Servicios Auxiliares, el 27 de septiembre de 1971 en la Ciudad de México; de los cónsules Terrance George Leonhardy, de los Estados Unidos, el 4 de mayo de 1973, y Anthony Duncan Williams, del Reino Unido, el 10 de octubre de ese mismo año. Después se produjo el secuestro del suegro del presidente Luis Echeverría, José Guadalupe Zuno, el 28 de agosto de 1974, en Guadalajara. Otro intento de secuestro importante (y fallido) fue el del empresario Eugenio Garza Sada, el 17 de septiembre de 1973, en Monterrey, quien murió en ese acto.[2] La tragedia provocó el mayor enfrentamiento de los empresarios con Echeverría, a quien increparon en el funeral. Lo consideraban responsable indirecto por su política de ataques a los empresarios regiomontanos en particular, y al conjunto del empresariado mexicano en general. Todavía en 1975 actuaba el grupo del *Güero* Medrano, del Partido Proletario Unido de América en el Estado de Morelos y la Unión del Pueblo en Oaxaca. Una de las últimas acciones militares relevantes de la Liga Comunista 23 de Septiembre fue el intento de secuestro de la hermana del presidente electo José

José Guadalupe Zuno (foto: *El Universal*)

López Portillo, en agosto de 1976. Este hecho marca el inicio del final del movimiento armado urbano posterior al 68. A pesar de múltiples intenciones y muy pocos intentos de fundar células de guerrilla urbana, estas son las únicas que llegaron a llevar a cabo acciones concretas. Ninguna de ellas formó parte de un proceso de acumulación de fuerzas, ni en términos de recaudación de fondos, ni de obtención de armas, ni de reclutamiento de nuevos integrantes. Más bien atrajeron la atención de las autoridades, que sin grandes esfuerzos pudieron aniquilar a los grupos involucrados en un lapso relativamente breve.

Cortejo fúnebre de Eugenio Garza Sada (foto: *El Universal*)

En cambio, las guerrillas rurales de los años setenta duraron un poco más, pudieron conseguir pequeños apoyos locales, y obligaron al Estado a desplegar mayores recursos —y una mayor represión— para derrotarlas, tampoco con grandes dificultades. Se circunscribieron al estado de Guerrero y la frontera del mismo con Michoacán. En Guerrero destacaron dos grupos básicamente campesinos: el Partido de los Pobres (PDLP), de Lucio Cabañas Barrientos, que

Lucio Cabañas (foto: *El Universal*)

secuestró al candidato a gobernador del PRI, Rubén Figueroa en 1974, y la Asociación Cívica Nacional, de Genaro Vázquez Rojas, quien se fugó de la cárcel en abril de 1968. Lucio Cabañas murió en un enfrentamiento con el ejército mexicano a finales de 1974. Genaro Vázquez falleció en un accidente automovilístico en 1972.[3] Ambos eran maestros normalistas. Cabañas sostuvo relaciones más o menos secretas y continuas con la dirección del Partido Comunista. Este le suministro medicamentos, apoyo logístico, y en distintos momentos respaldo o complicidad con ciertas acciones. La oposición pública del PCM a la lucha armada —reflejando una constante de las organizaciones comunistas en buena parte de América Latina— no obstó para que existiera la conexión mencionada entre el Partido de los Pobres y el Partido Comunista.

A partir de principios de los setenta se genera una ofensiva brutal del Estado contra todos los grupos armados. Se aplica la política de desapariciones forzadas y actúa con toda crueldad la Brigada Blanca, aparato del Estado creado especialmente para perseguir a todas las guerrillas.[4] No se tienen las cifras precisas de las víctimas de la llamada guerra sucia. Se estima que se produjeron más de 500 desaparecidos —según la Comisión Nacional de los Derechos Humanos— y varios centenares de muertos.[5] El conjunto de participantes en los grupos armados de esa etapa osciló entre las 5 mil y 6 mil personas. Como en casi todos los países de América Latina, cabe preguntarse si toda esa valentía, sus presos, los desaparecidos y sus muertos tuvieron algún sentido. Con la excepción de Nicaragua en 1979, y gracias a un desenlace negociado en El Salvador en 1992, ninguna lucha armada triunfó en la región; ni siquiera alguna logró empates o cambios importantes en la configuración económica, social o política del país donde se libró. En ese sentido, México no fue la excepción. Tampoco se halló exento de la represión desatada en contra de los grupos armados en todo el hemisferio. La respuesta clásica en muchos países —no existían condiciones para un combate pacífico y electoral a favor de cualquier tipo de transformación de la sociedad— aplica también en México, sobre todo en los estados ya citados. Pero se sabe ya que la ausencia de otras condiciones no bastaba para augurar avance alguno. Las vidas perdidas no regresan.

Se puede argumentar que los brotes armados existentes en el país entre 1965 y 1979 (cuando es ejecutado *el Güero* Medrano) contribuyeron a la creciente apertura del régimen priista, y en particular a la reforma política del sexenio de López Portillo y a la legalización del PCM. Así lo reconocieron el propio presidente y su secretario de Gobernación, Jesús Reyes Heroles. La pregunta persistente, sin embargo, parece inevitable. ¿No habría sucedido lo mismo, un poco antes, o un tiempo después, sin los muertos de la guerrilla y el combate a la misma? Nosotros pensamos que sí; entendemos que otros puedan aportar una respuesta diferente.

La última guerrilla con cierta repercusión en México fue la zapatista, si dejamos a un lado grupos como el ERP y el ERPI en Oaxaca y Guerrero, y los núcleos de secuestradores probablemente integrados por excombatientes armados chilenos, salvadoreños y argentinos que seguían operando incluso hace 10 años. Los orígenes remotos del EZLN fueron las Fuerzas de Liberación Nacional, fundadas por jóvenes en Monterrey encabezados por César Yáñez y su hermano Germán en 1969, del que ya hablamos. Después del episodio de Popo Park, intentaron sumar a otros en el Ejército Insurgente Mexicano, al que perteneció el periodista Mario Renato Menéndez, entonces director de la revista *Por qué?* y del periódico actual *Por Esto!* en Yucatán, cercano a La Habana desde los años sesenta.[6]

Las FLN sufrieron el ya citado golpe devastador en Nepantla, cuando fueron detenidos varios de sus integrantes. Algunos murieron en

Ignacio Carrillo Prieto (foto: *El Universal*)

la casa de seguridad localizada por las fuerzas del orden. Una de las muertas fue la joven Dení Prieto,[7] prima de Ignacio Carrillo Prieto, quien fue el fiscal especial en el gobierno de Vicente Fox, encargado de investigar los crímenes del pasado a través de la FEMOSPP. Esta fiscalía consignó a varios responsables de la represión, entre ellos a Luis Echeverría, quien estuvo bajo prisión domiciliaria por el delito de genocidio del 29 de noviembre de 2006 al 26 de marzo de 2009, o sea 847 días, el único expresidente mexicano procesado hasta ahora por la justicia.

En una pequeña medida con los grupos armados de los setenta, y en mayor medida con el siguiente —el zapatismo de 1994 en Chiapas—, un puñado de religiosos mexicanos encontró cierta sintonía. Formaban un muy pequeño reflejo de un proceso más amplio, totalmente desvinculado de las guerrillas, pero claramente inclinado hacia la izquierda del espectro político. Pertenecieron a nuestra izquierda independiente, aunque algunos de ellos pudieran haber asimilado las tesis —en ese momento anacrónicas— de la izquierda de la RM. En los años setenta los jesuitas, por ejemplo, cierran el Instituto Patria, y adoptan, parcialmente —porque mantienen en vida a la Ibero—, la opción de los pobres. Así se llamó el golpe de timón que parte del clero asumió en toda América Latina, giro también conocido como la teología de la liberación.[8] Sin llegar a los extremos de la Compañía de Jesús en El Salvador, o de arzobispos y cardenales en Brasil, sacerdotes como Sergio Méndez Arceo, y mucho más tarde Samuel Ruiz, Raúl Vera y Arturo Lona, se abocaron a difundir ideas de igualdad, de combate a la pobreza, de dignidad de los pueblos originarios, y en algunos casos de apoyo o en todo caso simpatía por activistas, militantes o incluso partidos de izquierda.

Algunas personalidades de la izquierda de la Revolución mexicana no siempre vieron con buenos ojos el fenómeno, presos todavía del anticlericalismo de la insurgencia de 1910-1917. El Partido Comunista, en cambio, buscó desde mediados de los años setenta un acercamiento con ese sector de la Iglesia, a través de lo que llamó un diálogo entre cristianos y marxistas. Gilberto Rincón Gallardo, en particular, llegó a personificar esta actualización comunista, que nunca prosperó enteramente, pero que constituyó un paso más en la "desestalinización" lenta y dolorosa del PCM.[9]

El levantamiento del Ejército Zapatista de Liberación Nacional (EZLN), el 1 de enero de 1994, constituyó un acontecimiento un tanto anómalo. Se dio en pleno proceso de consolidación de las transiciones democráticas en todo el continente y especialmente en México, en el momento histórico en que Cuba abandonó su apoyo a los grupos armados en la región, y cuando en México se había ya extinguido el magro movimiento armado que llegó a existir. Al inicio se trató de un levantamiento con claros objetivos revolucionarios y una estrategia de insurrección nacional. La rapidez y violencia de la respuesta del Estado, aunadas al hecho posteriormente confirmado de una carencia casi completa de armas, aplastaron la rebelión en unos días. El presidente Carlos Salinas decretó casi de inmediato una tregua unilateral y creó una mesa de negociaciones, ante lo cual, y con gran agilidad política, el EZLN modificó su estrategia revolucionaria y se convirtió en un promotor de los derechos de los pueblos indígenas. Se funda la Comisión de Concordia y Pacificación (COCOPA), se firmaron acuerdos y se estableció una "amnistía" sui géneris para un "ejército", única a nivel mundial, situación que permanece hasta nuestros días.

El EZLN despertó una inmensa simpatía nacional e internacional. Después de haber sido cercado y debilitado por el gobierno de Ernesto Zedillo en febrero de 1995, se replegó sobre sus bases más robustas y entró en una nueva negociación con el gobierno de Vicente Fox a partir de principios del año 2001. Realizó una gira nacional exitosa, permitida y escoltada por el gobierno de Fox. Llegó hasta la Cámara de Diputados, donde habló una de sus representantes indígenas, la Comandanta Esther.[10] Algo insólito, como si en España una marcha de la Euskadi Ta Askatasuna (ETA) hubiese salido de Bilbao a Madrid escoltada por la Guardia Nacional o si una procesión similar de los territorios controlados por las Fuerzas Armadas Revolucionarias de Colomia (FARC) en Colombia se hubiera dirigido a Bogotá custodiada por la Policía Nacional. Pero desaprovechó el ímpetu y no se convirtió en una fuerza política nacional. Sobrevive hoy como grupo de gestión local en algunos municipios de Chiapas.

Resulta difícil ubicar al EZLN. Estrictamente hablando, no fue una guerrilla rural, ya que más allá del histrionismo de sus dirigentes, prácticamente no disparó tiros, ni tomó presos, ni recuperó armas o parque, y hubiera sido aplastado por el ejército mexicano en pocos días si hubiera existido la voluntad de proceder así. Por otro lado, incluirlo entre las filas de la izquierda pacífica o electoral (presentó a una candidata independiente a la presidencia en las elecciones de 2018, Marichuy) se antoja complejo, o contraintuitivo. Desde el nombre, hasta la vestimenta de Marcos, y el recurso, por lo menos retórico, a la lucha armada durante los primeros días de 1994, impide verlo como un representante de esas izquierdas civiles cuya trayectoria hemos trazado desde finales del siglo XIX. Menos aún se facilita radicar al zapatismo ya sea en la izquierda independiente —su discurso, incluso el indigenista, es propio del nacionalismo revolucionario—, ya sea en la izquierda de la Revolución mexicana —su oposición radical a los gobiernos federales desde 1994 hasta 2023 acredita su autonomía plena—. Quizá simplemente convenga desistir de catalogarlo, y reconocer que durante algunos años supo penetrar en el imaginario social mexicano e internacional (Francia, Italia y España, sobre todo), y apuntalar la vigencia y justeza de una causa abandonada en México desde tiempos inmemoriales.

Se estima que existieron entre 30 y 40 grupos armados de 1965 hasta la aparición del EZLN. A principios de los años setenta la izquierda

Rubén Figueroa Alcocer (foto: *El Universal*)

independiente, y en particular el PCM, adoptó una posición ambigua ante la lucha armada. Inspirado en el dirigente del Partido Comunista Uruguayo, Rodney Arismendi, amigo de Arnoldo Martínez Verdugo, el partido aprobó en sus congresos la tesis de la "combinación de todas las formas de lucha" (en cierto sentido una vieja tesis de Lenin) y después, que la "vía más probable de la Revolución será la armada". La ambigüedad del PCM y la izquierda independiente ante la lucha armada surgía de su desprecio por la democracia representativa, electoral, o "burguesa" si se quiere, que no conocía, ciertamente. La consideraban como una mera "etapa" de acumulación de fuerzas, para posteriormente realizar la revolución socialista. Esa postura explica la relación vergonzante del PCM con la guerrilla de Lucio Cabañas y su partido, el Partido de los Pobres, al que proporcionaba armas, escondites en diversas partes del país e incluso atendía la salud de su dirigente en la Ciudad de México. Todo eso, al mismo tiempo que negaba tener lazos con ellos.

La ambigüedad se confirmó en 1974 cuando el Partido de los Pobres (PDLP) convirtió una reunión pactada en el secuestro de Rubén Figueroa, candidato del PRI a la gubernatura del estado de Guerrero. Se trató de un desafío al Estado y este utilizó todo su poderío para rescatar a Figueroa y liquidar la guerrilla de Lucio Cabañas. Ni entonces ni ahora en las izquierdas se condenó la trampa de Lucio Cabañas a Rubén Figueroa, al convertir un encuentro previamente negociado en un rapto. El PCM ni aprobó ni condenó el acto. Lucio Cabañas pidió un rescate de 50 millones de pesos; el gobierno realizó una persecución despiadada y el 2 de diciembre de 1974 Cabañas murió en combate contra el ejército mexicano.[11] El rescate de Figueroa, los pagos que se efectuaron, su monto y su destino constituyen uno de los episodios más turbios de la historia del PCM. Pero al mismo tiempo representó un hito. A partir de entonces el PCM dio un viraje y optó por la vía electoral.

El Regente Sentíes Acabará con los Espectáculos Inmorales en el D. F.

—Información en la Página 3—

Nuestros Diplomáticos Regresaron de Chile ¡"Amordazados"!

—Información en la Página 2—

El Universal Gráfico

Miembro de la Asociación de Editores de Periódicos Diarios de la República Mexicana, A. C.

Presidente y Director General LIC. JUAN FRANCISCO EALY ORTIZ

1 PES

ESTE ERA LUCIO

PLENAMENTE IDENTIFICADO

Lucio Cabañas Barrientos en dos fotografías: la de profesor rural y la de presunto "guerrillero". Su identidad fue proporcionada por la directora de la escuela "Modesto Alarcón", de Durango, doña Jenara Reséndiz de Serafín, que lo trató con frecuencia cuando ambos impartían clases en el mismo plantel

NADIE RECLAMA EL CADAVER

Siete de sus Seguidores Sepultados en el Lugar del Combate

—Información en la página 16—

Lucio Cabañas (foto: *El Universal*)

La eterna búsqueda del movimiento obrero y la reforma política

Durante la década de los setenta, además de los grupos que se adentraron a los laberintos de la lucha armada, surgieron otros que asumieron la tarea ya secular e infructuosa de dotar a la izquierda de una base popular, sobre todo obrera. Múltiples intentos de todas las izquierdas independientes, recorriendo numerosas rutas, por miles de activistas, no consiguieron atravesar el muro de contención de los aparatos sindicales, el "charrismo" que venía de los años cuarenta. En esos años muchos jóvenes "fueron a las fábricas", repartieron volantes, folletos, periódicos; organizaron círculos de estudio; algunos se convirtieron en obreros y obreras. Promovieron huelgas en pequeñas empresas.

Sus actividades no consiguieron atraer a los trabajadores. Uno de los pocos intentos exitosos por dotar a la izquierda de una base obrera involucró al senador priista Rafael Galván, un líder sindical abiertamente partidario de la Revolución mexicana, y durante décadas integrante de esa izquierda. Junto al senador participó de manera destacada Arturo Whaley, líder de los trabajadores nucleares, que casi logró adueñarse del Sindicato Único de los Trabajadores Electricistas de la República Mexicana (SUTERM), con cierta tolerancia del presidente Echeverría. Al final fracasó, a pesar del apoyo

Rafael Galván (foto: *El Universal*)

de varios grupos de activistas y algunos sindicatos independientes. Bajo su promoción se produjo la *insurgencia sindical* de 1975 a 1985. En alianza con otros líderes, casi todos provenientes de las izquierdas de la Revolución mexicana, dicha insurgencia logró conquistar las direcciones de distintas secciones del Sindicato Nacional de Mineros y Metalúrgicos, buena parte de los sindicatos de la industria automotriz y de la industria refresquera, de los telefonistas, de los universitarios, la CNTE entre los maestros y decenas de sindicatos de pequeñas empresas.

No obstante, las izquierdas de la RM e independientes llegaron tarde a su cita con los trabajadores, y estos, a través de sus organizaciones sindicales, en gran medida se negaron a acercarse a la izquierda, independiente o de la RM. Entre sus alforjas, la izquierda no llevó "regalos" atractivos que superaran las "prestaciones y conquistas laborales" del Estado, algunas diseñadas desde la época del general Cárdenas, y otras instrumentadas durante los gobiernos de Echeverría y López Portillo. Ni siquiera la izquierda de la RM tuvo éxito en este intento. Hasta la fecha, el movimiento organizado de los trabajadores en México conserva los rasgos característicos de los años cuarenta: corrupción, autoritarismo, división, sumisión al Estado. Las excepciones existen, y no son menores, pero la alternancia en 2000, el advenimiento de la izquierda de la RM al poder en 2018, las disposiciones de derechos laborales en el T-MEC en 2020 no han bastado para transformar el panorama sindical mexicano, ni para contrarrestar la tendencia de una "desindicalización" del trabajo en México.

Como confirmación de su compromiso creciente con la democracia representativa y la vía pacífica, en 1976 el PCM lanzó a Valentín Campa como candidato sin registro oficial a la presidencia de la República. Campa acumulaba casi 20 años en prisión. Su candidatura consiguió sumar a muchos grupos a la izquierda del partido, incluyendo a la Liga Socialista (trotskista). Realizó movilizaciones nunca vistas, llenó la Arena México, pero nunca se supo cuántos votos obtuvo realmente. Algunos analistas estimaron que alcanzó un millón de votos.[1] Sin embargo, en las elecciones presidenciales

José López Portillo (foto: *El Universal*)

Jesús Reyes Heroles (foto: *El Universal*)

de 1976 solamente se registró un candidato formal: José López Portillo del PRI. El Partido Acción Nacional no lanzó a ningún candidato. En parte por eso, y para poner fin a los últimos resabios de la lucha armada, al tomar posesión de la presidencia López Portillo y su secretario de Gobernación, Jesús Reyes Heroles, lanzaron una reforma electoral para facilitar el registro de nuevos partidos de izquierda y de derecha. Reyes Heroles estableció el registro electoral para los partidos, condicionado a obtener un pequeño porcentaje del voto.[2]

Gracias a dicha reforma obtuvieron su registro y virtual legalización el Partido Socialista de los Trabajadores (PST), el Partido Revolucionario de los Trabajadores trotskista (PRT) y el Partido Comunista Mexicano,[3] el primero parte de la izquierda de la Revolución mexicana, los dos siguientes de la izquierda independiente. Posteriormente también logró su registro el Partido Mexicano de los Trabajadores (PMT), partido nacionalista inspirado en la Revolución mexicana, fundado por Heberto Castillo, el antiguo líder ferrocarrilero Demetrio Vallejo y algunos exlíderes del movimiento estudiantil de 1968 como Luis Tomás Cervantes Cabeza de Vaca y Miguel Eduardo Valle, *el Búho*. El PMT parecía premonitoriamente una simbiosis o un híbrido de ambas izquierdas.[4] Por su énfasis en el nacionalismo, podía considerarse de la RM; por su notable intransigencia ante el Estado y el PRI, podía pertenecer a la izquierda independiente. Diez años más tarde, la fusión definitiva de ambas se concretaría en la fundación del Partido de la Revolución Democrática, o PRD.

La reforma electoral permitió un proceso de "pacificación" con los grupos armados. Junto con la amnistía, inauguró para muchos un largo y complicado camino hacia la democracia representativa. Todos estos hechos políticos abrieron un pequeño espacio en el sistema político mexicano, permitiendo la existencia de diputados de la izquierda independiente. El PCM, ya con registro electoral, consiguió una presencia importante en el medio intelectual, universitario y el ámbito cultural en su conjunto. Pero a pesar de su legalización y de su actividad electoral y en el Poder Legislativo, el partido, así como los demás sectores de ambas izquierdas, permaneció ajeno al mundo trabajador. Siguió sin poder abrir la muralla de control del sindicalismo obrero oficial. Lo mismo sucedió con todas las demás organizaciones de izquierda surgidas en esos años, ya sea inspiradas en la RM, ya sea independientes. Ninguna logró una implantación significativa entre los trabajadores ni campesinos. A su vez, los sindicatos independientes que surgieron en esos años rara vez se asociaron a la izquierda política y electoral. La excepción fue el Sindicato de Trabajadores de la UNAM.

La debilidad del PCM en el medio de los trabajadores, los residuos del dogmatismo y un aparato dirigente burocratizado produjeron una crisis interna. Los "Dinosaurios" y los "Renovadores" chocaron antes, durante y después del XIX Congreso del PCM en 1981. Ambas corrientes postulaban tesis contradictorias, incluso en su seno.[5]

La alianza del aparato encabezado por Martínez Verdugo con un sector de la intelectualidad comunista, quienes asumieron un papel importante en la salida a la luz pública del partido, logró imponerse sobre un sector al que pertenecían otros intelectuales, una franja considerable de los universitarios, una minoría del aparato, y quienes buscaban una mayor distancia frente a la URSS y Cuba. El PCM salió deteriorado de ese enfrentamiento interno. En parte como resultado de dicho debilitamiento, a finales de 1981 decidió fundirse con otros grupos de las izquierdas, tanto las de la RM como independientes, para crear el Partido Socialista Unificado de México (PSUM). Este acontecimiento antecedió y a la vez anunció la amalgama final y definitiva de ambas izquierdas en 1988, a través del apoyo de todos a la candidatura de Cuauhtémoc Cárdenas a la presidencia.[6] Esa unión, por su parte, constituyó el peldaño principal para la fusión perdurable de ambas izquierdas bajo la hegemonía de la de la Revolución mexicana y su ascenso irresistible al poder, empezando en 1997 y persistiendo hasta 2024, por lo menos.

El PSUM tuvo una corta y accidentada vida: apenas cinco años, de 1981 a 1986. En 1982 presentó a Martínez Verdugo como candidato a la presidencia, que obtuvo un resultado decepcionante, parecido al del PCM en 1979: 821 mil votos, 3.5 por ciento del total.[7] En 1985 fue secuestrado Arnoldo Martínez Verdugo, en ese momento candidato a diputado del PSUM, por unos familiares de Lucio Cabañas que se decían sus herederos políticos, miembros del Partido Revolucionario Obrero Clandestino Unión del Pueblo-Partido de los Pobres (PROCUP-PDLP), exigiendo la "devolución" de 50 millones de pesos pagados por Rubén Figueroa a sus secuestradores y que, según el PROCUP, quedaron en manos del PCM.[8] El entonces secretario general, Pablo Gómez, solicitó un "préstamo" al gobierno de Miguel de la Madrid, con el cual el partido rescató a Martínez Verdugo. Jamás se reembolsó el "préstamo". Así concluyeron los 72 años de historia del Partido Comunista Mexicano.

El proceso de unidad de las izquierdas continuó. En 1986 se creó el Partido Mexicano Socialista (PMS), básicamente una nueva fusión del PMT de Heberto Castillo y del PSUM, con algunos grupos nuevos surgidos de un cierto despertar de la sociedad civil durante el sexenio de Miguel de la Madrid. El sismo del 19 de septiembre de 1985 generó un inmenso descontento contra la pasividad del gobierno. Los damnificados se organizaron y construyeron diversas organizaciones.[9] Nació la Asamblea de Barrios, con su popular figura Super Barrio, creado por Marco Rascón; la Unión Nueva Tenochtitlán, fundada por Dolores Padierna y René Bejarano, que conformaron el Movimiento Urbano Popular, antecedente fundamental de la ruptura electoral con el PRI en 1988; algunos embriones del movimiento estudiantil de 1987-1988.

El movimiento de los damnificados ayudó a la gente, pero también tuvo expresiones de control clientelar perniciosas y contrarias a la democracia. Poco después, el movimiento contra las reformas del rector Jorge Carpizo en la UNAM dio origen al Consejo Estudiantil Universitario (CEU), que mediante una huelga impidió el aumento de las cuotas en la UNAM en 1986 y consiguió la realización del Congreso

Carlos Ímaz, Imanol Ordorika y Antonio Santos (foto: *El Universal*)

Universitario en 1990. Los dirigentes principales del CEU fueron Imanol Ordorika, Carlos Ímaz y Antonio Santos.[10] Esa movilización constituyó un antecedente significativo de la candidatura de Cuauhtémoc Cárdenas en 1988. Pero la vida del PSUM, a pesar de la emergencia de estos nuevos actores en el seno de la izquierda mexicana, fue aún más efímera que la del PMS. Pronto desaparecería lo poco que sobrevivía de la izquierda independiente de buena parte del siglo XX.

El fin de la izquierda independiente y el triunfo de la RM

En efecto, mientras ocurría lo anterior en los grupos de las izquierdas independientes y parte de las de la Revolución mexicana, se gestaba al interior del PRI la Corriente Democrática (CD), la primera escisión significativa en el partido oficial desde el henriquismo de Miguel

Cuauhtémoc Cárdenas (foto: *El Universal*)

Porfirio Muñoz Ledo (foto: *El Universal*)

Ifigenia Martínez (foto: *El Universal*)

Henríquez Guzmán en 1952. En España, el embajador mexicano Rodolfo González Guevara promovió en 1986-1987 una lucha contra los "neoliberales" adueñados del PRI, a partir de la presidencia de Miguel de la Madrid. La Corriente Democrática la integraron Cuauhtémoc Cárdenas, hijo del expresidente; Ifigenia Martínez, varias veces diputada por el PRI, defensora de la economía mixta; Porfirio Muñoz Ledo, expresidente del PRI, y varios cuadros priistas más, todos parte de la izquierda de la RM.[1]

La intolerancia de los dirigentes priistas bajo la presidencia de Jorge de la Vega Domínguez llevó a la expulsión de la Corriente Democrática. Ya fuera del partido oficial, esta última lanzó la candidatura presidencial de Cárdenas, registrada paulatinamente por varios partidos de la izquierda de la RM: Partido del Frente Cardenista de la Reconstrucción Nacional (PFCRN), Partido Auténtico de la Revolución mexicana (PARM), Partido Popular Socialista (PPS) y el apoyo de todos los partidos y algunos grupos de las izquierdas independientes a través del Movimiento al Socialismo (MAS), el Grupo Poliforum, la Organización Punto Crítico, líderes sindicales como Evaristo Pérez Arreola del STUNAM, y miles de estudiantes, activistas y ciudadanos de a pie.[2] La campaña de Cuauhtémoc Cárdenas logró éxitos sorprendentes: mítines que sumaron 100 mil personas en La Laguna en febrero de 1988, en el Zócalo de la Ciudad de México el 18 de marzo y el 25 de junio, y en Ciudad Universitaria el 26 de mayo.[3] La etapa final de la gira exitosa en el mes de junio de 1988 por Puebla, Oaxaca y Guerrero culminó en Acapulco con 60 mil personas. Un mes antes de las elecciones se sumó el Partido Mexicano Socialista (PMS), al retirar a su candidato, Heberto Castillo. Así se creó el Frente Democrático Nacional (FDN).

Jorge de la Vega Domínguez (foto: *El Universal*)

La ruptura de Cuauhtémoc Cárdenas y la Corriente Democrática provino, en su origen lejano, cuando López Portillo optó por Miguel de la Madrid como sucesor, en lugar de David Ibarra, su secretario de Hacienda. Fue una derrota histórica de la izquierda de la RM. Es conocida la anécdota en el gabinete donde se discutía la política económica y Óscar Levín Coppel, colaborador de Ibarra, le dio una bofetada a Miguel de la Madrid. Más allá del chisme, ilustra las tensiones entre las dos alas del gabinete de López Portillo.

La "conjura" de la izquierda de la RM se inició en España, entonces con González Guevara, un viejo cardenista, quien propuso tener un candidato propio dentro del PRI y sugirió a Cuauhtémoc Cárdenas, ante el azoro de Porfirio Muñoz Ledo, quien se sentía el candidato natural. González Guevara abandonó muy temprano la Corriente Democrática, junto con varios otros. Era difícil romper la "disciplina y la unidad" en el partido oficial.

La dimensión profunda de la escisión de la Corriente Democrática consistió en el viraje del estatismo nacionalista al denominado neoliberalismo. Hay hechos que se explican por esa razón. Cuauhtémoc Cárdenas fue postulado por el PARM, uno de los llamados partidos paraestatales, a propuesta de Evaristo Pérez Arreola, secretario

Evaristo Pérez Arreola (foto: *El Universal*)

general del STUNAM, hasta ese momento militante del PCM. Parecía imposible que ese registro de la candidatura lo aprobara el secretario de Gobernación, Manuel Bartlett. Sin embargo, lo hizo, porque en el fondo simpatizaba con la CD, a tal punto que Muñoz Ledo afirmaría que si Bartlett hubiese sido el candidato presidencial del PRI y no Carlos Salinas, se habría evitado la fractura del PRI y no habría surgido la Corriente Democrática. No es tan desmesurada esta hipótesis. Quizá ello explique el inmenso poder que le ha dado el presidente Andrés Manuel López Obrador a Manuel Bartlett en su gabinete, a pesar de su papel en el fraude de 1988, con su tristemente célebre frase de la "caída del sistema".

La candidatura de Cuauhtémoc Cárdenas fue el momento estelar de la unión de las izquierdas de la RM y la inmensa mayoría de las independientes (con la excepción de Rosario Ibarra de Piedra, candidata de una pequeña agrupación trotskista). Revistió la enorme trascendencia de unificar a las dos grandes corrientes de izquierda presentes en México desde la Revolución. Pero al producirse la unidad bajo la hegemonía de la izquierda de la RM se condenó a sí misma a ser un producto típicamente mexicano de mediados del siglo XX.

Ni se consolidó un polo radical de izquierda disruptiva, irreverente, cultural y pensante; ni emergió, por fin, una auténtica socialdemocracia en México, globalizada, moderna, claramente deslindada de los países socialistas y de Cuba, con miras al siglo XXI. El FDN, y meses después el PRD, fue un híbrido inestable, dividido y anacrónico desde su nacimiento.

Como casi todos los movimientos sociales y políticos, el de 1988 rebasó la visión estatista nacionalista de sus promotores y devino en un gran movimiento democratizador. Sus protagonistas colectivos abarcaron todo el abanico social: campesinos, trabajadores, capas medias, estudiantes, intelectuales, mujeres, empleados públicos, empresarios —sobre todo pequeños y medianos—, hartos de un modelo político autoritario, donde nunca hubo elecciones verdaderas, una "dictadura perfecta". Un movimiento de ese tipo no cabía en una estructura partidista.

No obstante, Cuauhtémoc Cárdenas apostó a la creación de un partido: lo que fue el Partido de la Revolución Democrática (PRD). Era el partido del matrimonio imposible entre los priistas

Cuauhtémoc Cárdenas (foto: *El Universal*)

y casi todas las izquierdas independientes. La consecuencia de esa apuesta significó el triunfo de la izquierda de la RM. Demostró la fragilidad del pensamiento de las izquierdas independientes. Sin ninguna resistencia regresaron al "buen camino" de la RM y abandonaron sus avances alcanzados en 1960, tanto por el PCM como por sus disidentes como José Revueltas y Guillermo Rousset, que se plantearon romper con la ideología de la RM y luchar por el socialismo.

El largo y sinuoso camino democrático obtuvo avances importantes en la conciencia de la gente e incluso en las reformas de la llamada transición democrática, pero no pudo despojarse del credo casi religioso de la RM. Esa es la razón profunda de la restauración autoritaria de AMLO y su llamada cuarta transformación.

Los resultados oficiales de los comicios de 1988 otorgaron al candidato de casi todas las izquierdas el porcentaje más alto obtenido hasta entonces por cualquier partido de oposición: 31.12 por ciento frente al 50.36 por ciento del candidato del PRI Carlos Salinas de Gortari, y 17.07 por ciento de Manuel Clouthier del PAN. Tanto las izquierdas como el mismo PAN consideraron esos comicios como fraudulentos.[4] A partir del 6 de julio de 1988 arrancó un largo, sinuoso y contradictorio camino de transición democrática y de

Manuel Clouthier (foto: *El Universal*)

Carlos Salinas de Gortari y Manuel Bartlett (foto: *El Universal*)

unificación definitiva de las dos izquierdas, bajo la hegemonía de Cárdenas y la corriente de la RM.

En 1989 surgió el Partido de la Revolución Democrática (PRD), cuya creación fue anunciada por Cárdenas a finales de 1988 en un Zócalo repleto de la Ciudad de México. Entre los promotores del PRD figuraron los líderes de los diversos grupos y partidos de las

Rodolfo González Guevara (foto: *El Universal*)

Gonzalo Martínez Corbalá (foto: *El Universal*)

izquierdas de la RM y de las independientes que apoyaron a Cárdenas. Además de Cárdenas y Muñoz Ledo, también participaron en su fundación algunos otros exmilitantes del PRI o altos funcionarios de gobiernos priistas. Rodolfo González Guevara y el exembajador en Chile Gonzalo Martínez Corbalá fueron pioneros de la Corriente

Gilberto Rincón Gallardo (foto: *El Universal*)

Democrática pero no ingresaron inicialmente al PRD. Fueron fundadores del PRD, en cambio, Ifigenia Martínez, César Buenrostro (secretario particular de Lázaro Cárdenas), Antonio Tenorio, Roberto Robles Garnica y otros dirigentes de nivel medio y de los Comités Estatales como Francisco Kuri. Muchos integrantes de la izquierda de la RM, que habían sido altos funcionarios del Estado mexicano, simpatizaron y votaron por Cuauhtémoc Cárdenas, pero no aparecieron públicamente. Otros miembros originales del PRD provenían casi todos del PMS: Gilberto Rincón Gallardo, su único presidente; Pablo Gómez, expresidente del PSUM; Martínez Verdugo; Valentín Campa; Heberto Castillo; Adolfo Gilly, militante histórico trotskista; Raúl Álvarez Garín, líder del 68 y de la organización revolucionaria Punto Crítico; Rosario Robles, de origen maoísta; Jesús Ortega, Graco Ramírez y Jesús Zambrano, dirigentes del Partido Socialista de los Trabajadores; Félix Goded, Imanol Ordorika y Carlos Ímaz del MAS; Rolando Cordera, Pablo Pascual, José Woldenberg, fundadores y dirigentes del Movimiento de Acción Popular (MAP), de inspiración nacionalista revolucionaria; los líderes del Movimiento

Porfirio Muñoz Ledo, Manuel Bartlett, Andrés Manuel López Obrador e Ifigenia Martínez (foto: *El Universal*)

René Bejarano (foto: *El Universal*)

Leonel Godoy (foto: *El Universal*)

Urbano Popular surgido a raíz del sismo del 19 de septiembre de 1985, entre ellos Marco Rascón de la Asamblea de Barrios, Dolores Padierna y René Bejarano, y muchos más. A finales de 1988 se suma a ellos Andrés Manuel López Obrador, quien hasta ese momento había pertenecido al PRI.[5]

El nuevo partido pretendió unir en un solo organismo electoral y político a las izquierdas de la RM y las independientes. Inicialmente, Cárdenas y Muñoz Ledo buscaron lograr un nuevo registro a través de asambleas, pero pronto se percataron de que entre la desmoralización de la gente después de las elecciones, y la animosidad del gobierno y los obstáculos que ponía, esa vía se encontraba cerrada. Optaron por aceptar la oferta del PMS de entregar su registro, cambiar el nombre del partido, sus estatutos y demás documentos, así como su dirección. Aunque los dirigentes del PMS cumplieron sus promesas, la preminencia de muchos excomunistas en la dirección, y la enorme heterogeneidad de grupos en el PMS a los que se asociaron las otras agrupaciones del FDN, crearon una organización atomizada de origen. La heterogeneidad partidista original se extendió al ámbito ideológico y pragmático, a lo internacional y táctico, a lo burocrático y económico, dando lugar a un sistema de cuotas, negociaciones y ambigüedades que nunca se resolverían. De ahí la (mala) fama de las "tribus" del nuevo partido.

Casi desde su inicio aparecieron dichas "tribus", grupos de interés que fragmentaron al partido. Cárdenas y Muñoz Ledo se confrontaron entre sí. Para debilitar al segundo, Cárdenas promovió a López Obrador, quien finalmente hostilizó a Cárdenas. Ambos fundadores de la Corriente Democrática y del PRD terminaron por salir de ese partido. Por lo menos hasta el 2000, el Partido de la Revolución Democrática (PRD) fue una hidra de mil cabezas, con un jefe que unificaba a todas mientras fuera candidato: Cárdenas.

Los años de Salinas y principios de Zedillo fueron difíciles para la izquierda mexicana. Tanto en 1991 como en 1994 la esperada continuación del ímpetu de 1988 no se produjo. En las elecciones de medio periodo de 1991 el PRI barrió a la izquierda, y durante todo el sexenio fue el PAN el interlocutor del gobierno con la oposición. Esta prelación se tradujo en 1994 en una derrota aplastante de Cuauhtémoc Cárdenas, nuevamente candidato, frente a Zedillo, pero sobre todo ante Diego Fernández de Cevallos, abanderado de Acción Nacional. La posición radical del PRD ante el régimen de Salinas era a la vez probablemente inevitable, y contraproducente. Sus bases asumieron con plena convicción la narrativa del fraude de 1988 y del consiguiente derechismo del gobierno, hiciera lo que hiciera. Cualquier encuentro con Salinas debiera ser secreto (fueron dos los de Cárdenas con él), o equivalentes a una traición. Pero, por otra parte, las reformas salinistas transformaron al país y lograron el apoyo de amplios sectores de las clases medias e incluso populares, minando las bases de la coalición cardenista de 1988. El PRD no pudo impedir la puesta en práctica de las reformas estructurales; tampoco supo encontrar la fórmula para aprobarlas sin claudicar ante Salinas.

Ciertamente, el nuevo partido fue víctima de repetidas agresiones y fraudes electorales, no solo de sus divisiones congénitas e interminables. El gobierno salinista hacía todo lo posible para acentuar las divisiones, atizar las deserciones y provocar a sus dirigentes. La represión en varios estados (Guerrero, principalmente) se recrudeció. El régimen recurrió a la manipulación electoral en cualquier estado donde el PRD podía conquistar posiciones (por ejemplo, Michoacán), a diferencia de lo que sucedía con el PAN, cuyas victorias en Baja California, Guanajuato y Chihuahua fueron reconocidas y aceptadas por las autoridades federales. De nuevo, una actitud diferente por parte del liderazgo del PRD tal vez hubiera entrañado un cambio en la actitud de Salinas, pero era inconcebible tanto por sus líderes como por sus bases. Se arraigó a tal grado la sospecha del fraude electoral en el imaginario social de esa izquierda que posiblemente su reaparición en 2006 —20 años después— y de nuevo a partir de 2018 se deba justamente a esos acontecimientos ahora ya más que lejanos. En esas condiciones llegan al año electoral de 1994 Cuauhtémoc Cárdenas y el PRD, bajo la hegemonía ideológica y política de la izquierda de la Revolución mexicana. Año que arranca con la irrupción del EZLN en Chiapas.

El alzamiento zapatista pareció darle nuevos bríos a la izquierda en su conjunto durante unos meses. Rápidamente, sin embargo, Marcos y el EZLN se convirtieron en un lastre para la campaña presidencial de Cárdenas. No pudo disociarse del zapatismo: sus bases simpatizaban demasiado con el EZLN. Cárdenas ocupó el tercer lugar en las elecciones, sin alcanzar el 20 por ciento del voto.[6] No pudo definirse claramente ante el supuesto alzamiento armado; ni franca-

Cuauhtémoc Cárdenas y el Subcomandante Marcos (foto: *El Universal*)

mente a favor, ni claramente en contra. Abrazaba la causa, pero no el método, y al mismo tiempo visitó a Marcos en Chiapas y se retrató con él. Obviamente el PRI y el gobierno de Salinas utilizaron la foto para espantar a los sectores medios del electorado.

Pero esta época fue también afortunada para la izquierda, por lo menos desde un punto de vista. Terminó la división en las dos grandes corrientes aquí descritas y que de alguna manera provenía desde la Casa del Obrero Mundial, la CROM y la fundación del Partido Comunista. La competencia, la rivalidad, el encono y el debilitamiento mutuo de las izquierdas independientes y de la Revolución mexicana concluyó con la fundación del PRD en 1989. La RM se fagocitó a la izquierda independiente, primero a través de la figura de Cuauhtémoc Cárdenas, y después de la de Andrés Manuel López Obrador. Para todos fines prácticos, la izquierda independiente, es decir alejada de la de la Revolución mexicana, del nacionalismo revolucionario, del estatismo democrático o autoritario, desapareció del espectro político nacional. O más bien se refugió en pequeños núcleos no partidistas de la sociedad civil, izando banderas monotemáticas: mujeres, pueblos indígenas, discapacitados, LGBTQ+, drogas, ecología. La izquierda mayoritaria, ahora sí unida, avanzaba. Los núcleos mencionados persistirán, y ya con lo que quedaba de la izquierda independiente, hegemonizada por la RM en el poder a partir de 2018, se transformarán en las bases de una disidencia, y de una posible reconstrucción de otra izquierda, ya sea socialdemócrata, ya sea posmoderna.

Las izquierdas independientes han tenido una gran tradición en las huelgas y manifestaciones desde inicios del siglo XX y los años transcurridos del siglo XXI. Pero fue muy singular la que surgió en mayo de 2012 a raíz de una visita de Enrique Peña Nieto a la Universidad Iberoamericana, donde los estudiantes lo cuestionaron por los actos represivos en Atenco y Peña Nieto huyó por los baños. Las autoridades de la Ibero dijeron que no eran estudiantes y, como respuesta, 132 de ellos publicaron sus credenciales; a partir de ese momento se les conoció como #YoSoy132.

Su expansión fue impresionante. Habiendo surgido en una universidad privada, pronto se sumaron la UNAM, el IPN y varias universidades del interior. Realizaron manifestaciones inmensas; una de ellas ocupó casi la plancha completa del Zócalo. Su característica es que el movimiento combinó el uso de las redes sociales con las asambleas "cara a cara". El movimiento realizó una gran conferencia interuniversitaria en las islas de Ciudad Universitaria de la UNAM; un debate que no pudo hacer el movimiento de 1968. Se elaboró un contrainforme, leído en las afueras de la Cámara de Diputados, donde se hizo un planteamiento muy completo en torno a la problemática nacional. Ese movimiento afectó seriamente a Enrique Peña Nieto, quien redujo su amplia ventaja a raíz de las movilizaciones del #Yosoy132. Rebasó las coordenadas de las dos izquierdas, de la RM y la independiente, y prefiguró lo que podría ser una izquierda post 4T.[7]

En 1996 se llevó a cabo una reforma política que por primera vez le retira al gobierno el control de las elecciones. Gracias a ella, y a la debacle económica de 1995, el PRD, el PAN y los partidos opositores al PRI consiguieron por fin, en 1997, la mayoría en la Cámara de Diputados. Cuauhtémoc Cárdenas triunfó en las elecciones para jefe de Gobierno de la Ciudad de México. Fue el momento estelar de la izquierda aglutinada bajo la hegemonía ideológica y política de la RM. El siguiente no surgiría hasta 2018.

En efecto, en 1999 la izquierda mexicana intentó construir una alianza opositora con el PAN y otros partidos menores. Durante varios meses de ese año se reunieron todos los dirigentes y múltiples líderes de la sociedad civil y aprobaron una plataforma común. Pero resultó imposible ponerse de acuerdo sobre la persona que encabezaría esa gran alianza opositora como su candidato a la presidencia en el año 2000. Aspiraban a serlo Vicente Fox y Cuauhtémoc Cárdenas, el PAN y el PRD. La izquierda se quedó a la mitad del río. No se atrevió a optar por el único camino democrático que en ese momento conducía a sacar al PRI de Los Pinos. Se sometió a las ambiciones personales de Cuauhtémoc Cárdenas y renunció a compartir una victoria fundamental para derrotar al PRI.

He ahí una de las consecuencias más dolorosas de la victoria definitiva de la izquierda de la RM sobre la izquierda independiente. Para una corriente progresista no anclada en el nacionalismo revolucionario de 1920, la alianza con la derecha panista no solo no era anatema; constituía la conclusión lógica de la necesidad imperiosa de acabar con el régimen de partido único. Eso hizo la izquierda chilena en 1988 al aliarse con la Democracia Cristiana, por ejemplo. Eso hizo incluso Lula en 2022, al asociarse con buena parte del centro-derecha brasileño para defenestrar electoralmente al fascismo de Bolsonaro. Abundan analogías al respecto, en otros países, en otras épocas. Pero aliarse con el semipanismo de Fox era contra natura para la izquierda de la Revolución mexicana, para Cárdenas mismo, y para todos sus simpatizantes en el mundo cultural, periodístico, e incluso internacional. Fue mucho más fácil para personalidades como Muñoz Ledo o Gilberto Rincón Gallardo entenderse con el foxismo que para el PRD, ya entonces de López Obrador. No había manera.

Dicho esto, parte de las bases de esa izquierda de la RM ya hegemónica reaccionaron de una manera diferente. A pesar de la obcecación de Cárdenas en su candidatura, casi 2 millones de electores de izquierda —es decir, del PRD y sus aliados— votaron por Fox en la elección presidencial, aunque hayan sufragado por la coalición de izquierda en las votaciones para diputados y senadores.[8] Cuauhtémoc obtuvo el mismo 17 por ciento del voto que alcanzó en 1994, votos que le faltaron a Fox no para ganar —logró 43 por ciento— pero sí para conquistar algo parecido a una mayoría en las cámaras y poder romper con el PRI. Empezaba una nueva travesía del desierto para la izquierda. Pasarían 18 años hasta que esa izquierda unida de la RM llegara a la presidencia, un siglo después de haber concluido la Revolución mexicana.

El fin de la historia

Aunque no es el propósito de este texto indagar sobre la historia reciente de la izquierda mexicana, y en particular de su primera experiencia de gobierno desde los años treinta, sí podemos ofrecer algunas reflexiones sobre el vínculo entre el periodo 1910-2000 y el sexenio de Morena.

No vale mucho la pena escudriñar los planteamientos discursivos o programáticos del PRD entre el 2000 y el 2006, ni los de Morena entre 2008 y 2018, por una sencilla razón. Durante esos años, la forma específica en que se expresó la victoria aplastante de

Andrés Manuel López Obrador (foto: *El Universal*)

Marcelo Ebrard (foto: *El Universal*)

la izquierda de la Revolución mexicana sobre la izquierda independiente reviste escaso interés. Se trató sobre todo de planteamientos puramente políticos en torno a la elección de 2006 y el cuestionamiento por parte del PRD de los resultados de dichos comicios, o bien de los discursos de campaña de Andrés Manuel López Obrador en 2006, 2008 y 2012, o bien de la gestión municipal de López Obrador, Marcelo Ebrard y en menor medida Miguel Ángel Mancera de 2000 a 2018. Ciertamente, Morena se funda en parte como reacción al apoyo de parte del PRD a las reformas educativas y energéticas de Enrique Peña Nieto, y ahí encontramos un planteamiento clásico del nacionalismo revolucionario: Pemex y la CFE no se deben tocar, y la educación no se debe evaluar.[1] Pero no va mucho más allá de consignas —primero los pobres—, denuncias —muera la corrupción—, retórica y algunas medidas concretas en la capital del país, más bien eclécticas, aunque no carentes de importancia. Entre ellas destacan la creación de la pensión no contributiva para adultos mayores en el Distrito Federal, la legalización del aborto y de los matrimonios igualitarios en la capital, cierta ortodoxia financiera sin reforma fiscal en las arcas defeñas, y la ausencia de cambios en materia educativa

—sigue siendo responsabilidad federal en la Ciudad de México— de salud, de vivienda y de seguridad. No obstante, se vislumbra ya durante esos años una de las características sobresalientes de esta vieja "nueva izquierda": la tensión entre planteamientos modernos y el antiguo nacionalismo revolucionario, bajo la égida del segundo. Con el advenimiento al verdadero poder en 2018, las tensiones persistirán, pero prevalecerá la primacía de las antediluvianas tesis de la Revolución mexicana.

Miguel Ángel Mancera (foto: *El Universal*)

Resultaría ilógico que el conjunto de ideas y prácticas que Macario Schettino denominó "cien años de confusión",[2] a propósito de la Revolución mexicana, no generara más confusión y desorden al ser puesto en práctica por un gobierno dotado de un amplio mandato electoral y legislativo. Pero es importante volver aquí a un deslinde primordial. La 4T es la izquierda de la Revolución mexicana en el poder en el siglo XXI; no es el nacionalismo revolucionario del PRI al mando. Huelga decir que proliferan las semejanzas entre la izquierda de la RM y el priismo, manifiestas en la práctica y en el discurso de López Obrador —hasta las guayaberas y las aguas frescas en Palacio—, pero son analogías secundarias. De la misma manera que surgieron y desaparecieron el lombardismo, el henriquismo, el MLN, el PMT, y muchos otros grupos que hemos descrito a lo largo de los años y de estas páginas, sí existió y subsiste —ahora en el poder— una izquierda de la RM distinta al priismo incrustado en el aparato de Estado mexicano a partir del 1940 (aunque se llamara inicialmente PNR y PRM).

Persisten igualmente diferencias entre lo que queda de la izquierda independiente y, sobre todo, entre López Obrador y los grupos nuevos surgidos a lo largo de los últimos 30 años a la izquierda del PRD y de Morena. Los desencuentros entre los grupos feministas y el gobierno lópezobradorista son bien conocidos; las críticas al feminismo por parte del propio presidente sorprendieron inicialmente, pero al profundizarse se han vuelto parte del paisaje político nacional. Las activistas del pañuelo verde siguen esperando una iniciativa de ley que autorice la interrupción del embarazo en todo el país. Quienes se esperanzaron con el hipotético apoyo del régimen morenista a la legalización de la marihuana, o incluso de otras drogas, rápidamente se desilusionaron, aunque no todos hayan verbalizado su desencanto. El fallo de la Suprema Corte no ha desembocado en iniciativas legislativas propuestas o aprobadas por Morena. Lo mismo ha sucedido con las comunidades LGBTQ+, que se han visto obligadas a

(foto: *El Universal*)

resignarse con los fallos de la Corte y algunos estados sobre el matrimonio igualitario, de nuevo esperando más o menos pacientemente la legislación federal al respecto.

(foto: *El Universal*)

Ni qué decir de los ambientalistas o grupos organizados de combate al cambio climático. Entre la obsesión presidencial con el petróleo y el gas; su desprecio por las energías no renovables, y en particular la eólica, uno de cuyos primeros impulsores fue Arturo Whaley, fallecido tras una larga hemiplejia por un accidente automovilístico; su veneración por la CFE tradicional; el Tren Maya, y el incumplimiento de las metas de los Acuerdos de París, resulta palmaria la distancia entre el gobierno mexicano de 2018-2024 y uno de los frentes más visibles, militantes y progresistas del mundo. Con otra comunidad independiente que forma parte de este embrión de nueva izquierda —la de derechos humanos— la reacción visceral de López Obrador es particularmente notoria. Guarda un profundo desprecio hacia las organizaciones no gubernamentales e intragubernamentales dedicadas hacia estas causas, y simultáneamente un respeto reverencial a algunos de los principales violadores de derechos humanos en el mundo, empezando por Cuba. En cuanto a los pueblos originarios, más allá de la nostalgia folclórica de López Obrador, sus berrinches con el rey de España y sus constantes recursos al epíteto de racista para denostar a sus adversarios, el presupuesto del INPI ha descendido brutalmente, las comunidades del sur-sureste se han movilizado contra el Tren Maya, y los residuos del zapatismo en Chiapas han sido virulentos en sus críticas a la 4T.

La explicación de ambos fenómenos —la indiferencia de López Obrador y el alejamiento de las comunidades pertenecientes a los herederos de la izquierda independiente— yace en lo que hemos descrito en estas páginas. Todas las tesis de Morena-gobierno forman parte del glosario de la izquierda de la Revolución mexicana, que nunca abrazó las causas citadas. Algunas quizá no existían —la liberación gay, la legalización de las drogas—, pero la lucha por el aborto, o la defensa del medio ambiente, son cruzadas que se remontan a los años setenta del siglo pasado, por lo menos. Nunca recibieron respaldo o solidaridad de la izquierda de la RM, en cualquiera de sus acepciones o manifestaciones. Hasta cierto punto, con razón: ante las gloriosas insignias del cardenismo de los años treinta, de Lombardo Toledano, del MLN, e incluso del cardenismo post 1988, estas banderas no ocupaban un lugar prominente en la orden del día. Algunas debían en realidad desterrarse de la misma. No nos referimos a los escandalosos excesos de Lombardo frente al movimiento estudiantil de 1968, ni a la clásica admonición estalinista de que todos estos desafíos —sobre todo el de las mujeres o razas— se superarían con el advenimiento del socialismo en automático.

El priismo puro, a pesar de un cierto conservadurismo cultural, profesaba actitudes y apoyos más flexibles. Nunca enarboló causas de esta naturaleza, pero no las rechazaba. En las épocas de Echeverría México fue sede de la primera Conferencia de la ONU sobre Mujeres, desempeñó un papel destacado en la primera Conferencia sobre Medio Ambiente en 1972, y se introdujo la contracepción masiva en México. López Portillo nombró a la primera mujer secretaria de Estado —no por las mejores razones— y a la primera gobernadora; Salinas comenzó a entender la lógica del cambio climático y creó la

Comisión Nacional de los Derechos Humanos (CNDH) —de nuevo, no por las mejores razones—. Zedillo no se entusiasmaba por ninguna de estas luchas, pero tampoco las despreciaba. La ortodoxia priista, justamente por no ser presa nunca de la izquierda de la RM, salvo en parte durante el cardenismo, no se alineó con estas causas ni las enajenó. Incluso la juventud y las revueltas culturales del 68, una vez clausurada la era de la represión, fueron incorporadas de alguna manera por los sexenios priistas siguientes.

Todo eso es lo que el lopezobradorismo *no* es, y que lo distingue de la izquierda independiente, guardando el debido respeto a los tiempos y evitando los anacronismos. Lo que *sí* es radica en la materialización de los sueños de la izquierda de la RM, y que el priismo-nacionalismo revolucionario en el poder nunca aterrizó, salvo entre 1936 y 1940. Si vemos rubro por rubro las viejas tesis de la izquierda de la Revolución mexicana, y las políticas públicas o intenciones concretas de la 4T, las similitudes se antojan extraordinarias. Mientras que la gestión realmente existente de Morena en el poder se aparta de manera significativa tanto del priismo de toda la vida como de los anhelos de la izquierda independiente.

El predominio dentro de la 4T de la izquierda de la Revolución mexicana explica buena parte de sus prácticas, así como de sus excentricidades. Comencemos por el estatismo. El PRI fue estatista por *comisión* —Cárdenas, López Mateos, Echeverría en parte— solo de manera esporádica y selectiva, y en muchas ocasiones en ausencia de alternativas para salvar empleos, recursos naturales, una muy teórica soberanía económica, o para realizar proyectos ambiciosos de desarrollo (Ciudad Sahagún, Las Truchas, Altos Hornos, Cancún), generalmente colocados en manos de... la izquierda de la RM (Víctor Manuel Villaseñor, el propio Lázaro Cárdenas). También pecó por default: cuando los presidentes priistas pensaron que no les quedaba de otra (López Portillo). La izquierda de la RM, justamente porque no gobernó hasta 2018, era estatista por *convicción*: entre más Estado mejor. En un mundo ideal, los "*commanding heights*" (Lenin) de la economía se encontrarían en manos estatales.

No puso en práctica esta visión porque nunca conquistó el poder. Hasta 2018.

He ahí la visión de López Obrador. Es necesaria una aerolínea, que la haga el Estado. Son necesarias sucursales bancarias, que las haga el Estado. Son necesarios nuevos aeropuertos, que los haga el Estado. Es necesaria la conexión de internet en toda la República, que la haga el Estado. Es necesario un Tren Maya, una refinería, un corredor transístmico y un ferrocarril que lo acompañe, que los haga el Estado. Es necesario distribuir medicamentos de manera menos costosa y más eficiente, que lo haga el Estado. Ni hablemos de energía: si se necesita más o mejor, que lo hagan Pemex y la CFE. ¿Alguien quiere vender termoeléctricas o un banco? El Estado compra.

Claro: el Estado que tiene en mente la 4T no es el de antes. Es, según AMLO, honesto, eficiente, alineado con los intereses populares. No se trata de un Estado socialista, aunque sin duda algunos sectores de Morena sí sueñan con eso. Pero las esferas mayoritarias, al igual que gran parte de los integrantes de la izquierda de la RM desde los años veinte, piensan en un aparato estatal que convive con una economía privada, controlada, dominada, supervisada y siempre sujeta a la amenaza de la expropiación o de la competencia estatal. Si Aeroméxico, Volaris y Viva Aerobus se niegan a transferir más vuelos al Aeropuerto Felipe Ángeles, se limitan los *slots* en el Benito Juárez y se les obliga a proceder de esa manera. Si Grupo México no acepta la propuesta de transferencia de un tramo de ferrocarril en el istmo, entran las fuerzas armadas, se expropia, y después se llega a un nuevo acuerdo. Así sucesivamente.

En una peculiaridad de López Obrador que no necesariamente proviene de la izquierda de la RM pero que pocos en su seno rechazarían, el Estado ideal, aunque también en algún sentido por default, es *militar.* A diferencia del viejo PRI —y desde luego en pleno contraste con el antimilitarismo secular de la izquierda independiente de antes o de ahora—, que siempre procuró aislar y acotar a las fuerzas armadas, AMLO expande su alcance a casi todos los ámbitos de la vida pública. La lógica no es militarizar, sino estatizar, solo que el instrumento idóneo y único para ello es el ejército.

Para la izquierda de la RM ese Estado, no socialista, encerraba una característica central y definitoria: su fuerza. No se aspiraba a disponer de un Estado autoritario, mas sí de un Estado fuerte. Ahora bien, ante el acecho por fuerzas externas (Estados Unidos), internas (el empresariado, la Iglesia, la derecha política, los medios), si dicha fuerza exigía un cierto —o mayúsculo— autoritarismo, se asumía esa desdicha con estoicismo, resignación y la frente en alto. En vista de que la democracia *per se* no constituía una virtud, sino un medio o instrumento, sacrificarla en aras de un bien superior —la soberanía, el desarrollo, la igualdad— carecía de costo. Si a su vez el único camino hacia un Estado fuerte consistía en el llamado a una creciente participación del ejército, que así sea. No afirmamos que la izquierda de la RM fuera militarista, sino simplemente que no le habría incomodado la militarización propia de la 4T.

Asimismo, la izquierda de la RM vería con buenos ojos la postura de López Obrador ante la pobreza. ¿Cómo combatirla? Con dinero, a través de programas asistenciales, clientelares, eficaces para incrementar el ingreso disponible de la gente, aunque no necesariamente para atacar los dos grandes lastres de la economía mexicana: la informalidad y la baja productividad. La izquierda independiente, en la medida en que se ocupaba de temas programáticos como este, expresaba un enfoque más tradicional de combate a la pobreza: mejores salarios, educación, empleos creados por el sector público, de preferencia productivos, pero si no, ni modo. El priismo tradicional abordaba el desafío también de manera distinta. Buscaba repartir tierras, crear empleos, asegurar crecimiento económico elevado, construir infraestructura, ampliar la cobertura educativa, y aplicar subsidios generalizados a productos de primera necesidad. Como se ve claramente en el sexenio de López Obrador, se trata de esquemas radicalmente diferentes. En el fondo, el de López Obrador es *friedmaniano*, sin que este sea un término peyorativo. Hay que entregarles dinero a los pobres, ellos verán qué hacen con él.

Por último, frente al único reto internacional significativo para México, a saber, la relación con Estados Unidos, y de modo singular, podemos sugerir tentativamente que la izquierda de la RM, la 4T y el priismo tradicional ostentan una postura convergente. En el caso de la RM, de nuevo, nuestra afirmación es precaria. Nunca gobernó, otra vez con la posible excepción del periodo 1934-1940, y resulta ardua la tarea de imaginar cómo el henriquismo, Lombardo Toledano, el MLN o incluso Cuauhtémoc Cárdenas hubieran lidiado con el vecino del norte. Pero en términos generales, las expresiones de la izquierda mexicana presentes a lo largo del último siglo tienden a parecerse en esta materia. Mucha retórica y poca confrontación podría ser la consigna que mejor sintetiza la postura. Desde los Acuerdos de Bucareli hasta el T-MEC, pasando por la expropiación petrolera, la mexicanización de Luz y Fuerza del Centro, la Crisis del Caribe de octubre de 1962, la colaboración con la CIA, las relaciones con el FMI y el Banco Mundial, la lucha contra el narcotráfico y la presencia de la DEA en México, la migración procedente de países terceros: en todas estas coyunturas, México, bajo el PRI o la izquierda de RM (es decir Cárdenas en los años treinta, la 4T ahora), ha mantenido posiciones de principio, abstractas y simbólicas, junto con un alineamiento constante con Washington. La izquierda independiente ha tendido a respaldar esta estrategia, acentuando su apoyo a la retórica, y sublimando su aceptación del alineamiento. No se trata aquí de juzgar si el enfoque rápidamente descrito ha correspondido al interés nacional o no. Solo buscamos identificar y subrayar, en este caso, la similitud de las actitudes asumidas.

Para concluir, unas palabras sobre el futuro de la izquierda independiente. Puede parecer temerario englobar a la multitud de grupos, organizaciones, personalidades y movimientos existentes en México hoy bajo ese término. En realidad lo hacemos por facilidad y esperanza. Facilidad, porque habiendo dedicado estas páginas a la descripción sumaria de lo que fue una izquierda independiente en México desde la época de la Revolución, y ante su desaparición a partir de 1988 y sobre todo de 2000, catalogar a esa aglomeración de corrientes con esa denominación resulta cómodo y eficaz. Esperanza, porque quisiéramos que dicho conjunto, por ahora disperso, heterogéneo y escasamente organizado, pudiera convertirse en un poderoso torrente de renovación de la izquierda en México.

Lo deseamos, primero que nada, por default. Por razones obvias, no habrá —ni debe haber— una nueva izquierda comunista, trotskista, maoísta, castrista, guevarista o lo que fuera de estas estirpes. Desempeñaron su papel en la historia, tanto de México como de buena parte del mundo, y su ciclo claramente concluyó con el fin de la Guerra Fría. Algunos lamentan su partida; otros la festejan, y nosotros simplemente tomamos nota de un hecho histórico. Esa izquierda independiente, ajena a la Revolución mexicana, no renacerá en nuestro país.

Tenemos la impresión que una izquierda socialdemócrata tampoco verá la luz del día en México. El PRI, el PRD, y en mucho menor medida Morena, se han identificado parcialmente con la Internacional Socialista. Pero la izquierda de la RM y la socialdemocracia a la europea, chilena o uruguaya son simplemente incompatibles. La resignación sin entusiasmo con el mercado, la condena a las dictaduras afines por nostalgia o antiyanquismo, la aceptación de la globalización de labios para afuera, el conservadurismo cultural, el orgullo de ser parte del "Sur Global" son características de Morena y de buena parte de las izquierdas latinoamericanas que la distinguen radicalmente del Partido Socialista Obrero Español (PSOE), del Partido Socialista Francés (PSF) (por ahora en vías de extinción), del socialismo chileno o del Frente Amplio de Uruguay. El espacio ideológico entre Morena y el PRI de antes no alcanza para que crezca ahí una socialdemocracia mexicana, y aunque abundan los casos de corrupción en la Europa occidental de los últimos 50 años, nada se asemeja en la materia a la época de oro priista. De suerte que esta izquierda —a la que nosotros daríamos la bienvenida— encierra escasas posibilidades de nacer y prosperar. Las ya sempiternas dificultades de parto y crecimiento de Movimiento Ciudadano, que aspira a eso, lo demuestran de modo palmario.

Queda lo demás, que no es lo de menos. Como en muchos otros países, quizá más tarde que en varios, en México ha surgido a lo largo de las últimas dos décadas una serie de movimientos que suelen enarbolar banderas exclusivas y propias. No constituyen —y probablemente no puedan conformar— un torrente único, y menos aun un nuevo partido político. Las barreras legales y políticas de entrada a la arena electoral son altas y anchas: crear una organización política adicional no es tarea fácil. Menos lo es para un conjunto disímbolo de activismos y causas, unas tan legítimas como otras. La excéntrica teoría de la interseccionalidad nos sugeriría que justamente por tratarse de movimientos contra distintos mecanismos de opresión de las sociedades modernas —de mujeres, pueblos originarios, defensores del medio ambiente, comunidades LGBTQ+, veganos y de animales— pueden confluir en una lucha común. Nosotros no suscribimos dicha teoría por una serie de razones que aquí no vienen al caso, pero sí ponemos en duda la viabilidad de crear una "nueva izquierda" a partir de estos procesos de combate a las distintas e innegables formas de discriminación u opresión vigentes en México y en otras latitudes.

Pero en su diversidad estos nuevos sectores tal vez converjan con otros que ya han surgido o que emergerán en los próximos años y que podrán, en su conjunto, conformar la base de una "nueva izquierda" independiente, que no será socialdemócrata, pero que sí será digna de la etiqueta de "moderna". Si persiste la continua expansión de la matrícula de educación superior en el país, llegará a las aulas, y después al mercado de trabajo, un gran número de egresados de universidades públicas y privadas, que deberán, si México sigue el camino de otros países análogos, movilizarse en torno a una amplia gama de reivindicaciones. Si el *nearshoring* trae consigo un *boom* de industrialización en el norte del país y en el Bajío, nacerá un nuevo segmento del proletariado industrial mexicano, con mayor educación y juventud que los anteriores, y que tal vez se erija en el cimiento de un nuevo movimiento sindical. El crecimiento de la población en el área metropolitana de Monterrey, por ejemplo, se transformará tal vez en el punto de partida de una sindicalización combativa y democrática en un centro industrial del país donde no ha existido nunca. Es posible que algo similar acontezca con los cientos de miles, sino es que millones, de migrantes de otros países que han llegado a México en los últimos años, y que al no poder ingresar a Estados Unidos ni volver a sus países permanecerán en el nuestro.

Nuevas demandas, nuevas causas, nuevas cohortes demográficas y socioeconómicas, todo ello en un contexto de mayor globalización y democracia en México, y de una mayor organización de la sociedad civil en México —una de las sociedades civiles menos organizadas de América Latina: he aquí los fundamentos de esa nueva izquierda independiente—. Recordemos que su creación y fortalecimiento no será fácil. Como vimos a lo largo de este breve recorrido, el país nunca fue receptivo a sus visiones y propuestas. Pero quizá ya tenemos otro país, mejor que el anterior.

Notas

Esbozo de una historia de la izquierda en México

1 Véase Barry Carr, *La izquierda mexicana a través del siglo* XX, México, Ediciones Era, 1996; Carlos Illades, *El futuro es nuestro. Historia de la izquierda en México*, México, Océano, 2017; Massimo Modonesi, *La crisis histórica de la izquierda socialista mexicana*, México, Casa Juan Pablos/Universidad Autónoma de la Ciudad de México, 2003; Julio Moguel, *Los caminos de la izquierda*, México, Juan Pablos, 2004; Octavio Rodríguez Araujo, *Las izquierdas en México*, México, Orfila, 2015; Ariel Rodríguez Kuri, *Historia mínima de las izquierdas en México*, México, El Colegio de México, 2021; Adolfo Sánchez Rebolledo, *La izquierda que viví. El instante y la palabra*, México, Configuraciones, 2014.

La pre-historia

1 Carlos Illades, *op. cit.*, pp. 32-41; Marcos Leonel Posadas Segura, "Los primeros socialistas mexicanos", en Arturo Martínez Nateras y Joel Ortega Juárez (coords.), *La izquierda mexicana del siglo* XX, México, Universidad Nacional Autónoma de México, 2014, Libro 1. Cronología, pp. 27-31.

2 Illades, *op. cit.*, p. 33.

3 Posadas, *op. cit.*, pp. 29-31.

4 *Ibid.*, pp. 31-34. Illades, *op. cit.*, pp. 59-63.

5 Claudio Lomnitz, *El regreso del camarada Ricardo Flores Magón*, México, Era, 2016; Salvador Hernández Padilla, *El magonismo: historia de una pasión libertaria, 1900-1922*, México, Era, 1999.

6 Martínez Nateras y Ortega Juárez (coords.), *op. cit.*, p. 75.

7 *Ibid.*, p. 84.

8 Carr, *op. cit.*, p. 30.

El verdadero momento fundacional: la Revolución mexicana

1 Berta Ulloa, "La Revolución escindida", en *Historia de la Revolución mexicana (periodo 1914-1917)*, El Colegio de México, 1979, t. 4, pp. 114-116; Ulloa, "La Constitución de 1917", en *ibid.*, t. 6, pp. 271-281.

2 Illades, *op. cit.*, p. 64; Joel Ortega Juárez, "Las izquierdas y la Revolución mexicana", en Martínez Nateras y Ortega Juárez (coords.), *op. cit.*, Libro 2. Movimientos sociales, p. 29; Gema Lozano Nathal, "Siete de enero de mil novecientos siete", en Mártínez Nateras y Ortega Juárez, *op. cit.*, pp. 50-51.

3 José Luis Araiza, "Movimiento sindical: de la Casa del Obrero Mundial a la CTM", en Martínez Nateras y Ortega Juárez (coords.), *op. cit.*, pp. 94-95; Carr, *op. cit.*, pp. 31-32.

Nacen las dos izquierdas

1 Karl M. Schmitt, *Communism in Mexico. A Study in Political Frustration*, Austin, University of Texas Press, 1965, p. 4.

2 Carr, *op. cit.*, pp. 34-40.

3 *Ibid.*, pp. 34-35.

4 *Ibid.*, p. 33.

5 *Ibid.*, pp. 39-41.

6 Schmitt, *op. cit.*, pp. 9-12; Arnoldo Martínez Verdugo, *Historia del comunismo en México*, México, Grijalbo, 1983, pp. 40-42.

7 Carr, *op. cit.*, p. 46; Schmitt, *op. cit.*, pp. 13-14; Martínez Verdugo, *op. cit.*, pp. 77-78.

8 Schmitt, *op. cit.*, pp. 14-15; Paco Ignacio Taibo II, *Bolcheviques. Historia narrativa de los orígenes del comunismo en México*, México, Planeta, 2019, pp. 378-379.

9 Carr, *op. cit.*, pp. 56-58; Martínez Verdugo, *op. cit.*, p. 104.

10 Schmitt, *op. cit.*, p. 16.

[11] Carr, *op. cit.*, pp. 48-50; *Historia general de México*, México, El Colegio de México, 2002, pp. 989-992.

[12] Martínez Verdugo, *op. cit.*, pp. 75-76; Roger Bartra y Gerardo Villadelángel Viñas (eds.), *El Machete*, México, Tezontle, 2017.

[13] Carr, *op. cit.*, p. 54.

[14] Carlos Enrique Ruiz Abreu, *El hombre del sureste: relación documental del archivo particular de Tomás Garrido Canabal*, México, Universidad Juárez Autónoma de Tabasco, 2002; Graham Greene, *El poder y la gloria*, México, Penguin Random House, 2014; Carlos Martínez Assad, *El laboratorio de la Revolución. El Tabasco garridista*, México, Fondo de Cultura Económica, 2020.

[15] Manuel Márquez Fuentes y Octavio Rodríguez Araujo, *El Partido Comunista Mexicano*, México, Ediciones El Caballito, 1973, p. 159.

La época de oro

[1] Roderic Ai Camp, *Mexican Political Biographies 1935-1993*, Austin, University of Texas Press, 1995, p. 398.

[2] Carr, *op. cit.*, p. 61.

[3] Patricio Herrera González, "Vicente Lombardo Toledano y la unidad obrera continental: colaboraciones y conflictos del PCM y la Profintern, 1927-1938", en Carlos Illades (Coord.), *Camaradas. Nueva historia del comunismo en México*, México, Secretaría de Cultura/Fondo de Cultura Económica, 2017, pp. 96-134.

[4] John Lear, "La Liga de Escritores y Artistas Revolucionarios: de la disidencia al frente popular", en *ibid.*, pp. 135-170.

[5] Illades, *op. cit.*, pp. 78-79.

[6] Carr, *op. cit.*, pp. 61-64.

[7] Martínez Nateras y Ortega Juárez (coords.), *op. cit.*, p. 189.

[8] Márquez Fuentes y Rodríguez Araujo, *op. cit.*, pp. 182-184.

[9] Illades, *op. cit.*, p. 79; Olivia Gall, *Trotsky en México y la vida política en el periodo de Cárdenas, 1937-1940*, México, Era, 1991.

[10] Márquez Fuentes y Rodríguez Araujo, *op. cit.*, pp. 198-199.

[11] *Ibid.*, pp. 203-204; Martínez Verdugo, *op. cit.*, p. 175.

[12] *Historia general de México*, *op. cit.*, pp. 859-860.

[13] Carr, *op. cit.*, pp. 72-75.

[14] Schmitt, *op. cit.*, p. 20; Carr, *op. cit.*, pp. 76-77 y 80-82.

[15] Luis Medina, "Del cardenismo al avilacamachismo", en *Historia de la Revolución mexicana (periodo 1940-1952)*, *op. cit.*, t. 18, pp. 117-121.

La guerra y la Guerra Fría

1 Martínez Nateras y Ortega Juárez (coords.), *op. cit.*, p. 247.

2 Carr, *op. cit.*, p. 120.

3 Martínez Nateras y Ortega Juárez (coords.), *op. cit.*, p. 246.

4 Carr, *op. cit.*, pp. 151-156.

5 Para una semblanza sobre el Partido Popular, véase Víctor Manuel Villaseñor, *Memorias de un hombre de izquierda (De Ávila Camacho a Echeverría)*, México, Grijalbo, 1976, t. 2, pp. 93-154.

6 Schmitt, *op. cit.*, pp. 25-28.

7 Martínez Nateras y Ortega Juárez (coords.), *op. cit.*, pp. 249 y 254.

8 *Ibid.*, pp. 255-256.

9 Ai Camp, *op. cit.*, pp. 341-342; Cuauhtémoc Cárdenas, *Cárdenas por Cárdenas*, México, Debate, 2016, pp. 479-480 y 549-558.

10 *Historia general de México, op. cit.*, pp. 900-901.

11 Cárdenas, *op. cit.*, p. 549; Cuauhtémoc Cárdenas, *Sobre mis pasos*, México, Aguilar, 2010, pp. 17-18.

12 Luis Medina, "Civilismo y modernización del autoritarismo", en *Historia de la Revolución mexicana, op. cit.*, t. 20, p. 160.

13 Carr, *op. cit.*, pp. 177-182; Enrique Krauze, *Mexico, Biography of Power. A History of Modern Mexico, 1810-1996*, Nueva York, Harper Collins, 1997, p. 573.

14 Martínez Nateras y Ortega Juárez (coords.), *op. cit.*, pp. 263, 272-273 y 277.

15 Krauze, *op. cit.*, pp. 617-622.

16 *Ibid.*, pp. 615 y 620; Antonio Alonso, *El movimiento ferrocarrilero en México, 1958-1959*, México, Era, 1972; Valentín Campa, *Mi testimonio. Memorias de un militante comunista*, México, Ediciones de Cultura Popular, 1980.

17 *Ibid.*, p. 614; Illades, *op. cit.*, p. 91.

18 Krauze, *op. cit.*, p. 637.

López Mateos, Cuba, Khruschev y las escisiones

1 Carr, *op. cit.*, p. 197.

2 *Ibid.*, p. 226.

3 Martínez Verdugo, *op. cit.*, pp. 278-279; José Revueltas, *Ensayo sobre un proletariado sin cabeza*, México, Era, 1980, pp. 95-108.

4 Illades, *op. cit.*, p. 90.

5 Joel Ortega Juárez, *Semblanzas tras bambalinas*, México, Laberinto Ediciones, 2022, pp. 133-134.

6 Revueltas, *op. cit.*

7 Schmitt, *op. cit.*, pp. 238-240.
8 Illades, *op. cit.*, pp. 104-105; Cárdenas, *Sobre mis pasos*, *op. cit.*, pp. 56-59.
9 Carr, *op. cit.*, p. 238.

Los grupos armados, los movimientos estudiantiles y el 68

1 Fritz Glockner, *Los años heridos. La historia de la guerrilla en México, 1968-1985*, México, Planeta, 2019, pp. 13-15.
2 *Ibid.*, pp. 378-381 y 526-527.
3 Sergio Aguayo Quezada, *1968. Los archivos de la violencia*, México, Grijalbo-Reforma, 1998, pp. 69-70.
4 Ortega Juárez, *op. cit.*, pp. 130-132.
5 Martínez Nateras y Ortega Juárez (coords.), *op. cit.*, p. 487.
6 Ensayos y testimonios de varios de ellos pueden encontrarse en Ricardo Valero (ed.), *1968 Aquí y ahora. A cincuenta años del movimiento estudiantil. Testimonios y reflexiones*, México, Universidad Nacional Autónoma de México, 2018, 2 tomos.
7 Carr, *op. cit.*, pp. 274-276.

Las comunidades de base cristianas y la teología de la liberación

1 Carr, *op. cit.*, pp. 264-265.
2 Carlos Fuentes, *Los 68. París, Praga, México*, Debate, 2005.
3 Joel Ortega, *Adiós al 68*, México, Grijalbo, 2018.

El Jueves de Corpus. Un renacimiento del 68

1 Joel Ortega Juárez, *10 de junio. Ganamos la calle*, México, Laberinto Ediciones, 2021, p. 156.

Más lucha armada y el salto al EZLN

1 Glockner, *op. cit.*, pp. 45-46.
2 Hugo Esteve Díaz, "El festín de las balas: la guerrilla en la década de los setenta", en Martínez Nateras y Ortega Juárez (coords.), *op. cit.*, pp. 491-492.
3 Ilán Bizberg y Lorenzo Meyer, *Una historia contemporánea de México: Actores*, México, Océano, 2005, pp. 57 y 252.

4 Glockner, *op. cit.*, pp. 518-521.

5 "Desaparición forzada en la llamada 'Guerra Sucia'", en *Informe especial de la Comisión Nacional de los Derechos Humanos sobre desaparición de personas y fosas clandestinas en México*, pp. 41-45. Consultado el 24 de julio de 2023 en https://www.cndh.org.mx/sites/default/files/doc/Informes/Especiales/InformeEspecial_20170406.pdf.

6 Glockner, *op. cit.*, pp. 41-48.

7 *Ibid.*, pp. 382-387; Documental *Flor en otomí*, dirigido por Luisa Riley, México, 2011.

8 Illades, *op. cit.*, pp. 107-108.

9 Bizberg y Meyer, *op. cit.*, p. 150.

10 Enrique Guerra Manzo, "Los pueblos indígenas: entre la comunidad corporativa y el pluralismo, 1968-2001", en *ibid.*, pp. 350-357.

11 Carlos Montemayor, *Guerra en el paraíso*, México, Fondo de Cultura Económica, 2020.

La eterna búsqueda del movimiento obrero y la reforma política

1 Campa, *op. cit.*, pp. 303-310.

2 Krauze, *op. cit.*, p. 757; Jaqueline Peschard, "De la conducción gubernamental al control parlamentario: 30 años de reformas electorales", en Soledad Loaeza y Jean-François Prud'homme (coords.), *Los grandes problemas de México*, El Colegio de México, t. XIV. Instituciones y Procesos Políticos, 2010, pp. 360-361.

3 Martínez Verdugo, *op. cit.*, pp. 372-375.

4 Carr, *op. cit.*, p. 292.

5 Illades, *op. cit.*, pp. 126-127.

6 *Ibid.*, pp. 130-132.

7 Carr, *op. cit.*, p. 313 (cuadro 14).

8 Martínez Nateras y Ortega Juárez (coords.), *op. cit.*, p. 379.

9 María Fernanda Somuano, "Las organizaciones civiles: formación y cambio", en Loaeza y Prud'homme (coords.), *op. cit.*, p. 202; Marco Rascón, "El sismo que nos cambió a todos", en Martínez Nateras y Ortega Juárez (coords.), *op. cit.*, pp. 525-527; Gustavo Verduzco Igartúa, "Las organizaciones solidarias en México", en Bizberg y Meyer, *op. cit.*, pp. 374-376.

10 Somuano, *op. cit.*, pp. 382-383.

El fin de la izquierda independiente y el triunfo de la RM

1 Illades, *op. cit.*, p. 131. Para una crónica sobre la formación de la Corriente Democrática, véase Cárdenas, *Sobre mis pasos, op. cit.*, pp. 189-198.

2 *Ibid.*, pp. 213-216.

3 *Ibid.*, pp. 226-235.

4 *Ibid.*, pp. 243-246.

5 *Ibid.*, pp. 286-287.

6 Roxana Rodríguez Bravo, "Entre fraudes y derroteros, la izquierda mexicana en las elecciones presidenciales de 1988, 1994, 2000, 2006 y 2012", en Martínez Nateras y Ortega Juárez (coords.), *op. cit.*, p. 621.

7 Joel Ortega Erreguerena, "Yo soy 132: ¿un movimiento de red?", *Revista CoPaLa. Construyendo Paz Latinoamericana*, núm. 4, julio-diciembre de 2017, pp. 177-190.

8 *Ibid.*, p. 606.

El fin de la historia

1 Andrés Manuel López Obrador, *2018, La salida. Decadencia y renacimiento de México*, México, Planeta, 2017, pp. 14 y 204-208; Carlos Elizondo Mayer-Serra, *Y mi palabra es la ley. AMLO en Palacio Nacional*, México, Debate, 2021, pp. 97-102.

2 Macario Schettino, *Cien años de confusión. La construcción de la narrativa que legitimó al régimen autoritario del siglo XX*, México, Taurus, 2007, 526 pp.

Agradecimientos

Agradecemos a Héctor Aguilar Camín, Roberto Borja, Gustavo Hirales y Joel Ortega Erreguerena sus lecturas del manuscrito en diversas etapas, así como sus pertinentes y útiles sugerencias. Nuestro editor, Juan Carlos Ortega, propuso valiosos agregados al texto. Sobre todo, le damos las gracias a Daniela Silva y a Alejandra Zerecero por su extraordinario, paciente y perseverante apoyo en la búsqueda de fuentes y fotografías que documentan y aligeran la lectura. Nuestro agradecimiento al diario *El Universal* por el acceso a su hemeroteca.

Bibliografía

Aguayo Quezada, Sergio, *Los archivos de la violencia*, México, Grijalbo/Reforma, 1998.

Alonso, Antonio, *El movimiento ferrocarrilero en México, 1958-1959*, México, Era, 1972.

Bartra, Roger, y Villadelángel Viñas, Gerardo (eds.), *El Machete*, México, Tezontle, 2017.

Bizberg, Ilán, y Meyer, Lorenzo, *Una historia contemporánea de México: Actores*, México, Océano, 2005.

Camp, Roderic Ai, *Mexican Political Biographies 1935-1993*, Austin, University of Texas Press, 1995.

Campa, Valentín, *Mi testimonio. Memorias de un militante comunista*, México, Ediciones de Cultura Popular, 1980.

Cárdenas, Cuauhtémoc, *Cárdenas por Cárdenas*, México, Debate, 2016.

——, *Sobre mis pasos*, México, Aguilar, 2010.

Carr, Barry, *La historia mexicana a través del siglo* XX, México, Era, 1996.

"Desaparición forzada en la llamada 'Guerra Sucia'", en Informe Especial de la Comisión Nacional de los Derechos Humanos sobre desaparición de personas y fosas clandestinas en México, Comisión Nacional de los Derechos Humanos, s.f., 41-45. Consultado en https://www.cndh.org.mx/sites/default/files/doc/Informes/Especiales/InformeEspecial_20170406.pdf.

Elizondo Mayer-Serra, Carlos, *Y mi palabra es la ley. AMLO en Palacio Nacional*, México, Debate, 2021.

Fuentes, Carlos, *Adiós al 68*, México, Grijalbo, 2018.

Gall, Olivia, *Trotsky en México y la vida política en el periodo de Cárdenas, 1937-1940*, México, Era, 1991.

Glockner, Fritz, *Los años heridos. La historia de la guerrilla en México, 1968-1985*, México, Planeta, 2019.

Greene, Graham, *El poder y la gloria*, México, Penguin Random House, 2014.

Hernández Padilla, Salvador, *El magonismo: historia de una pasión libertaria 1900-1922*, México, Era, 1999.

Historia general de México, México, El Colegio de México, 2002.

Illades, Carlos, *El futuro es nuestro. Historia de la izquierda en México*, México, Océano, 2018.

—— (Coord.), *Camaradas. Nueva historia del comunismo en México*, México, Secretaría de Cultura/Fondo de Cultura Económica, 2017.

Krauze, Enrique, *Mexico, Biography of Power. A History of Modern Mexico, 1810-1996*, Nueva York, Harper Collins, 1997.

Loaeza, Soledad, y Prud'homme, Jean-François (coords.), *Los grandes problemas de México*, t. XIV, Instituciones y Procesos Políticos, México, El Colegio de México, 2010.

Lomnitz, Claudio, *El regreso del camarada Ricardo Flores Magón*, México, Era, 2016.

López Obrador, Andrés Manuel, *2018. La salida. Decadencia y renacimiento de México*, México, Debate, 2017.

Márquez Fuentes, Manuel, y Rodríguez Araujo, Octavio, *El Partido Comunista Mexicano*, México, Ediciones El Caballito, 1973.

Martínez Assad, Carlos, *El laboratorio de la Revolución. El Tabasco garridista*, México, Fondo de Cultura Económica, 2020.

Martínez Nateras, Arturo, y Ortega Juárez, Joel (coords.), *La izquierda mexicana del siglo XX*, México, Universidad Nacional Autónoma de México, 2014.

Martínez Verdugo, Arnoldo, *Historia del comunismo en México*, México, Grijalbo, 1983.

Modonesi, Massimo, *La crisis histórica de la izquierda socialista mexicana*, México, Casa Juan Pablos / Universidad Autónoma de la Ciudad de México, 2003.

Moguel, Julio, *Los caminos de la izquierda*, México, Juan Pablos, 2004.

Montemayor, Carlos, *Guerra en el paraíso*, México, Fondo de Cultura Económica, 2020.

Ortega Erreguerena, Joel, "Yo soy 132: ¿un movimiento de red?", *Revista CoPaLa, Construyendo Paz Latinoamericana*, núm. 4 (julio-diciembre de 2017), pp. 177-190.

Ortega Juárez, Joel, *10 de junio. Ganamos la calle*, México, Laberinto Ediciones, 2021.

——, *Semblanzas tras bambalinas*, México, Laberinto Ediciones, 2022.

Revueltas, José, *Ensayo sobre un proletariado sin cabeza*, México, Era, 1980.

Rodríguez Araujo, Octavio, *Las izquierdas en México*, México, Orfila, 2015.

Rodríguez Kuri, Ariel, *Historia mínima de las izquierdas en México*, México, El Colegio de México, 2021.

Ruiz Abreu, Carlos Enrique, *El hombre del sureste: relación documental del archivo particular de Tomás Garrido Canabal*, México, Universidad Juárez Autónoma de Tabasco, 2002.

Sánchez Rebolledo, Adolfo, *La izquierda que viví. El instante y la palabra*, México, Configuraciones, 2014.

Schmitt, Karl M., *Communism in Mexico. A Study in Political Frustration*, Austin, University of Texas Press, 1965.

Taibo II, Paco Ignacio, *Bolcheviques. Historia narrativa de los orígenes del comunismo en México*, México, Planeta, 2019.

Ulloa, Berta, *Historia de la Revolución mexicana (periodo 1914-1917)*, México, El Colegio de México, 1979.

Valero, Ricardo (ed.), *1968 Aquí y ahora. A cincuenta años del movimiento estudiantil. Testimonios y reflexiones*, México, Universidad Nacional Autónoma de México, 2018.

Villaseñor, Víctor Manuel, *Memorias de un hombre de izquierda (De Ávila Camacho a Echeverría)*, México, Grijalbo, 1976.

Índice onomástico

Las dos izquierdas de Jorge Castañeda Gutman y Joel Ortega Juárez,
se terminó de imprimir en enero de 2024
en los talleres de
Litográfica Ingramex, S.A. de C.V.
Centeno 162-1, Col. Granjas Esmeralda, C.P. 09810
Ciudad de México.